MAN RAY

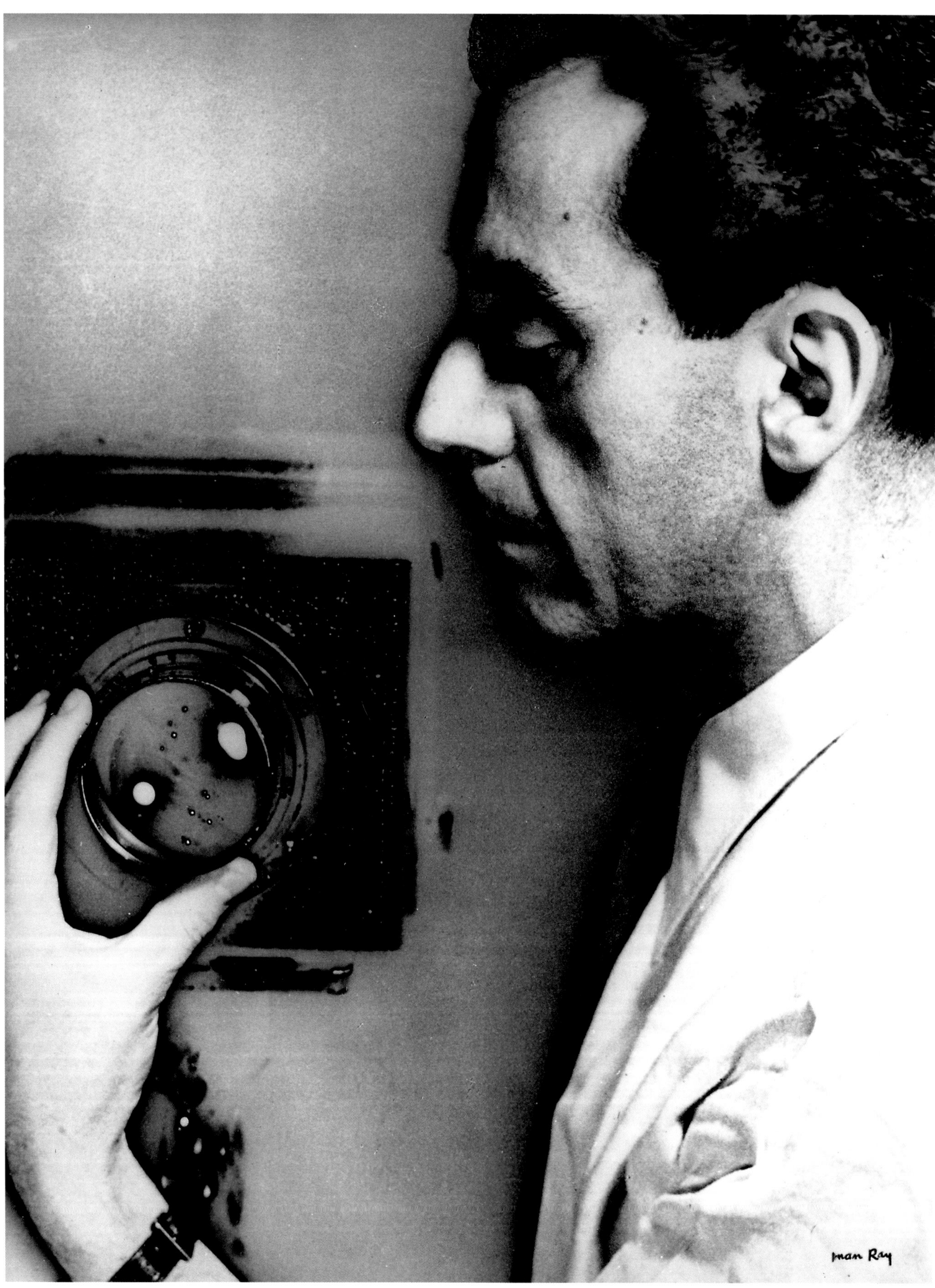
man Ray

MAN RAY
1890–1976

Benedikt Taschen

© 1992 Benedikt Taschen Verlag GmbH
Hohenzollernring 53, D-5000 Köln 1
© für die Abbildungen: VG Bild-Kunst, Bonn
Redaktion und Produktion: Dr. Angelika Muthesius
Cover: Peter Feierabend
English translation: Malcolm Bell
Traduction française: Françoise Laugier,
Marie-Anne Trémeau-Böhm
Reproduktionen: ORT Kirchner und Graser, Berlin
Satz: demmer satz + daten, Berlin
Druck: Druckhaus Cramer, Greven
Printed in Germany
ISBN 3-8228-9768-X

INHALT – CONTENTS – SOMMAIRE

VORWORT
von L. Fritz Gruber

Er war ein Magier des Bildes und des Bildens. Er liebte den geistvollen Witz und schöne Frauen. Könnte man ein reiches, schöpferisches Leben so kurz umreißen? Vielleicht. Aber im Grunde steckte viel mehr dahinter.

Er nannte sich Man Ray und umgab sich mit Rätseln. Man weiß, daß sein Vorname Emanuel war, aber über den abgekürzten Familiennamen (Radinsky? Radnitzky? Rudinsky? Rudnitzky?) streiten sich die, welche sich für gelehrt halten. Ist es wichtig?

Wer ihm zu seinen Lebzeiten in Paris begegnete, war von ihm beeindruckt und gefangen und zugleich verunsichert. Man Ray schätzte das Verwirrspiel. Was war er nicht alles? Architekt, Maler, Zeichner, Objektmacher, Bildhauer, Schriftsteller, Möbeltischler, Goldschmied, Filmer und natürlich Licht-Bildner. Da er aus Amerika stammte, wo er 1890 in Philadelphia geboren wurde, möchte man ihm nachsagen, daß er die Wagnisfreude, den Einfallsreichtum und die vielseitige Handfertigkeit der Frühpioniere besaß. Nur daß seine Eroberungszüge nicht nach außen, sondern in das Neuland eigener Erfindungen führten.

Mit dem Photographieren begann er ganz nebenbei, etwa 1920. Niemand konnte ihm seine Gemälde gut genug reproduzieren. Deshalb nahm er sie selbst auf. Zugleich reizten ihn die vielfältigen Möglichkeiten des geheimnisvollen lichtempfindlichen Materials. Brauchte man überhaupt einen Photoapparat? Es war damals nicht unbekannt, daß sich ein Photogramm ergab, wenn man Papierfetzen, Glasscherben und andere flache Gegenstände auf Photopapier legte, sie dem Licht aussetzte und entwickelte. Man Ray aber erfand eine zusätzliche Dimension, die er »Rayographie« nannte. Indem er räumliche Objekte auf Photopapier legte, sie mehrmals, die Lampe bewegend, belichtete, rief er ungegenständliche Photo-Graphiken mit faszinierender Tiefenwirkung hervor. Er war ein Hexer im Erfinden neuer Variationen und Effekte.

Wenn er bei den mannigfachen Äußerungen seiner Talente in erster Linie als Photograph bekannt geworden ist, so liegt das einfach daran, daß er so viel photographiert hat und daß in Büchern und Zeitschriften so viel von ihm veröffentlicht wurde. Ein Photograph im üblichen Sinne wollte er gar nicht sein. Er experimentierte, forderte »Fehler« heraus und verwandelte sie in bisher ungekannte darstellerische Formen. Die Fachleute haben dafür ihre Bezeichnungen: Solarisation (bei welcher durch Zwischenbelichtung während des Entwickelns ein graphisch dunkler Rand erscheint), Granulation (bei der durch Betonung des Silberkorns das Bild einen unregelmäßigen Raster erhält), Negativdruck (bei dem ein Bild durch Umkehrung aller Schwarzweiß-Werte verfremdet und zugleich aussagestärker wird), Verzerrung (bei der durch Schrägstellung des Vergrößerungsgerätes die Wirklichkeit verändert wird), Reliefwirkung (bei der das Negativ leicht verschoben, mit einem Diapositiv kombiniert, auf dem Abzug einen plastischen Eindruck hervorruft).

All das klingt sehr technisch. Aber Man Ray erhöhte diese Verfahren zu kreativen Gestaltungen. Desungeachtet hat er die sachliche, physikalisch und chemisch lupenreine Photographie stets in jeder Weise gemeistert. Er bewies es mit inzwischen klassischen Bildnissen seiner meist künstlerisch tätigen Freunde und Zeitgenossen aus der Dada- und Surrealistenszene, aber auch mit ungewöhnlichen, mehrdeutigen Stilleben. Doch wenn man sein reiches Œuvre durchblättert, enthüllt sich seine besondere Zuneigung zum anderen Geschlecht, mit Frauenporträts und besonderen weiblichen Akten. Hier kam der Liebende hinzu.

Dabei ist und bleibt bemerkenswert, daß seine Modelle selbst Persönlichkeiten von Rang waren. Die Namen: »Kiki vom Montparnasse«, das berühmteste Modell der zwanziger Jahre, Nusch Eluard, auch in der Sonne Dalís strahlend, Dora Maar, die Gefährtin Picassos, Meret Oppenheim, eine brillante Künstlerin, Lee Miller, zur prominenten Photographin reüssiert, und natürlich Juliet Browner, die Tänzerin, die seine Ehefrau wurde. Hier entstand jeweils ein Zusammenspiel mit vielen hinreißenden Imaginationen. Diese bedeutenden Frauen waren mehr als Zufallsmotive oder gar honorierte Professionals. Sie waren weibliche Partner, die Man Ray beflügelten, manchmal auch zu trickreichen Verzauberungen ganz eigener Art. Nicht der vordergründige Sex, sondern die geheimnisvolle, erregende Erotik spricht aus diesen Bildern. Und selbst wenn die eine oder andere Gestalt anonym geblieben ist, so ahnt man, so spürt man: Die durch Man Ray »Verewigte« muß eine Ausstrahlung besessen haben, die ihn als Mann und Künstler inspirierte.

Diese Sammlung von Man Rays Bildern zeugt von seiner fruchtbaren Lebens- und Liebesbejahung, die ihn bis ins hohe Alter jung erhielt. Noch immer vermeint man, ihn von seinem Atelier in der rue Férou über den Place St. Sulpice zu einem kleinen, aber guten Restaurant wandeln zu sehen, und man kann nicht glauben, daß dieser universell begabte Mann im Jahre 1976 starb. Sein unüblicher, gelber, eiförmiger Grabstein zwischen den gewichtigen Granit-Sarkophagen des »Cimetière Montparnasse« trägt einen seiner originellen Aussprüche. Er sei – im Sinne Man Rays – nicht verraten. Man muß schon in Verehrung selbst hingehen, ihn suchen und finden…

by L. Fritz Gruber

He was a master of the captured and created image, a man of sparkling wit and a lover of beautiful women. But no pithy epitaph can really do him justice. A life of such richness and creativity defies description in so few words.

He called himself Man Ray and cloaked himself in mystery. His Christian name was Emanuel. That much, at least, is known. But his surname (Radinsky? Radnitzky? Rudinsky? Rudnitzky?) still has the art world guessing. Yet is it important?

Anyone who knew him in Paris found him an impressive, fascinating and at the same time disconcerting figure. Because Man Ray - a man of many accomplishments - loved to confound. What did he not turn his hand to? He was an architect, painter, draughtsman, sculptor, writer, cabinet-maker, goldsmith, film-maker and, of course, photographer.

As he came from America - he was born in Philadelphia in 1890 - it is tempting to see in him the adventurous spirit, fiery imagination and all-round dexterity of the early pioneers. But while his forefathers embarked on geographical voyages of conquest, Man Ray's discoveries broke new ground in aesthetics and art from within.

He originally took up photography as a sideline, around 1920. No one, he felt, could reproduce his paintings well enough, so he took the matter in hand himself. At the same time, he was fascinated by the possibilities he saw in the mysterious medium of light-sensitive paper. Was a camera actually necessary? It was common knowledge at the time that, by placing scraps of paper, fragments of glass or other flat objects on photographic paper, exposing it to light and developing it, one could produce a photogram. But Man Ray discovered yet another dimension, which he called »Rayographs«. By placing solid objects on light-sensitive paper and exposing it over and over again to a mobile light source, he obtained abstract graphic images of fascinating depth. He was a wizard of invention, with a flair for producing new variations and effects.

Given the many fields in which he demonstrated his talent, the fact that he is today known primarily as a photographer is due to the sheer volume of his photographic work and the number of his photographs published in books and periodicals. However, he did not set out be a photographer in the normal sense. He was an experimenter, who deliberately used »fault« techniques for aesthetic purposes. The technical terms are familiar to every student of photography: solarization (exposing the captured image to a flash of light during development to produce a strikingly dark contour), granulation (emphasizing the silver grains of the light-sensitive medium to give the picture an irregular pointed texture), negative printing (reversing the black and white elements of a picture to alienate and enhance the impact of the image), distortion (angling the enlarger to produce an oblique image of reality), relief processing (placing a transparency over a slightly displaced negative to create a three-dimensional effect on the ultimate print).

All that sounds highly technical, but in Man Ray's hands photographic techniques became instruments of creative design. That does not mean, however, that he was not thoroughly versed in the technics, physics and chemistry of conventional photography. On the contrary, he demonstrated his mastery of the medium in numerous, now-classic portraits of his friends and his contemporaries in the Dada and Surrealist scene and a collection of outstanding, ambiguous still life studies.

Yet even a fleeting glance through his rich and varied life's work reveals a special affection – for the opposite sex. His female portraits and female nude studies were a labour of love. The remarkable thing is that his models were celebrities in their own right: »Kiki de Montparnasse«, the most famous model of the twenties, Nusch Eluard, one of the stars in Salvador Dalí's firmament, Dora Maar, Picasso's companion, Meret Oppenheim, a brilliant artist, Lee Miller, a star photographer, and naturally the dancer Juliet Browner, who was to become Man Ray's wife.

The photo sessions produced a sparkling interplay of ideas. These prominent women were more than just casual subjects or paid professionals. They were female partners, who fired Man Ray's imagination and inspired him to works of photographic genius. The pictures exude not blatant sex but veiled, exciting eroticism. And even where the subject has remained anonymous, the observer senses, even knows, that the woman Man Ray »immortalized« must have had a personality that impressed him as a man and inspired him as an artist.

This collection of Man Ray's works bears witness to the affirmation of life and love which kept the artist young at heart even in old age. One still imagines seeing him strolling from his atelier in the rue Férou across the Place St. Sulpice to a small but good restaurant; it is hard to believe that this universally talented man died in 1976. His unconventional, oval yellow gravestone among the imposing granite tombs of the »Cimetière Montparnasse« – erected by his wife Juliet at a small ceremony accompanied by harp music – bears one of his original sayings. In deference to Man Ray's wishes, the words are not repeated here. They should be read where they are written, sought and found in reverence...

PRÉFACE
de L. Fritz Gruber

Il était un magicien de l'image et de la création picturale. Il aimait la plaisanterie spirituelle et les belles femmes. Est-il permis de résumer une vie riche, créatrice, en si peu de termes? Peut-être. Mais au fond, cette apparence cachait bien davantage.

Il se faisait appeler Man Ray et s'entourait de mystère. On sait que son prénom était Emanuel, mais ceux qui se considèrent comme érudits se disputent au sujet de l'abréviation de son nom de famille (Radinsky? Radnitzky? Rudinsky? Rudnitzky?). Est-ce vraiment important?

Il fascina ceux qui le rencontrèrent de son vivant à Paris, tout en les mettant mal à l'aise. Car Man Ray aimait déconcerter. Que n'était-il pas? Architecte, peintre, dessinateur, créateur d'objets, sculpteur, écrivain, ébéniste, orfèvre, cinéaste et naturellement sculpteur de lumière. Comme il venait d'Amérique, où il était né en 1890 à Philadelphie, on est tenté de dire qu'il possédait la joie téméraire, la richesse d'idées et l'habileté manuelle à multiples facettes des anciens pionniers. Toutefois, ses explorations ne le conduisirent pas vers l'extérieur, mais vers le nouveau pays de ses propres découvertes. Ce n'est qu'accessoirement, vers 1920, qu'il se mit à faire de la photographie. Comme personne n'était capable, à son goût, de reproduire assez bien ses peintures, il les photographia lui-même: les multiples possibilités offertes par le mystérieux matériel sensible à la lumière le tentaient. Avait-on seulement besoin d'un appareil photo? A cette époque, on n'était pas sans savoir que l'on obtenait un photogramme en plaçant des lambeaux de papier, des débris de verre et autres objets plats sur du papier photographique, on l'exposait à la lumière, et le développait. Mais Man Ray créa une dimension supplémentaire qu'il nomma «rayographie». En plaçant des objets plastiques sur du papier photographique, qu'il exposait plusieurs fois tout en déplaçant la lampe, il créa des gravures photographiques abstraites ayant un effet de relief fascinant. Il était sorcier quand il s'agissait d'inventer de nouvelles variations et de nouveaux effets.

Même si, dans le cadre des diverses manifestations extérieures de son talent, il est avant tout devenu célèbre en tant que photographe, ceci est simplement dû au fait qu'il a beaucoup photographié et que ses travaux ont été publiés en très grand nombre dans des livres et des magazines. Il ne voulait pas du tout être photographe dans le sens courant du terme. Il expérimentait, défaiait les «erreurs» et les transformait en représentations formelles jusqu'alors inconnues. Les spécialistes désignent ces procédés de la façon suivante: la solarisation (procédé au cours duquel un contour sombre apparaît à cause d'expositions intermédiaires pendant le développement), la granulation (où la photo se couvre d'une texture irrégulière grâce à une accentuation du grain argenté), l'impression négative (où une photo prend un caractère étranger à la réalité tout en gagnant en force d'expression grâce à l'inversion de tous les tons de noir et de blanc), la distorsion (où la réalité est modifiée quand l'agrandisseur est incliné), l'effet de relief (où le négatif, légèrement décalé et combiné avec une diapositive, produit un effet plastique).

Tout ceci semble très technique. Mais l'artiste Man Ray éleva ces procédés au niveau de formes de création. Ceci étant, il maîtrisait aussi parfaitement la photographie nette, objective, physique et chimique. Il le prouva non seulement par des portraits, devenus classiques, de ses amis et contemporains, pour la plupart artistes issus de la scène dadaïste et surréaliste, mais aussi par des natures mortes inhabituelles et ambiguës. Pourtant, quand on parcourt son œuvre, ses portraits de femmes et ses nus féminins originaux dévoilent son penchant particulier pour le sexe opposé. Ici, l'amant était de la partie.

Il est cependant étonnant que ses modèles aient eux-mêmes été des personnalités de rang. Leurs noms: «Kiki de Montparnasse», le célèbre modèle des années vingt, Nusch Eluard, rayonnant aussi dans le soleil de Dalí, Dora Maar, la compagne de Picasso, Meret Oppenheim, une brillante artiste, Lee Miller, qui fit carrière et devint un photographe célèbre, et naturellement Juliet Browner, la danseuse, qu'il prit pour épouse. Il y eut chaque fois une harmonie d'idées enthousiasmantes. Ces femmes illustres représentaient plus que des motifs fortuits ou même que des professionnelles rétribuées. Elles étaient des partenaires qui donnaient des ailes à l'imagination de Man Ray et lui inspiraient parfois aussi des œuvres géniales tout à fait particulières. Ce n'est pas le sexe apparent qui émane de ces photos, mais l'érotisme mystérieux, excitant. Et même si l'un ou l'autre de ces personnages est resté anonyme, on le devine, on le sent: celle qui était «immortalisée» par Man Ray devait avoir un rayonnement qui avait inspiré aussi bien l'homme que l'artiste.

Cette collection de photos de Man Ray témoigne de son attitude féconde vis-à-vis de la vie et de l'amour, et qui le fit rester jeune jusqu'à un âge avancé. Aujourd'hui encore, on a l'impression de le voir traverser la Place St. Sulpice pour aller de son atelier de la rue Férou dans un petit – mais bon – restaurant, et l'on ne parvient pas à croire que cet homme universellement doué ait pu mourir en 1976. Son extraordinaire pierre tombale jaune en forme d'œuf, située entre les lourds sarcophages de granit du Cimetière Montparnasse – que sa femme Juliet fit ériger pendant une petite cérémonie au son de la harpe – porte l'un de ses mots originaux. Qu'il ne soit – dans le sens de Man Ray – pas trahi. Il faut y aller soi-même, avec vénération, le chercher et le trouver…

»Ihr Körper hätte jeden akademischen Maler inspiriert. Als ich sie von Kopf bis Fuß
betrachtete, konnte ich nicht einen Makel entdecken.«

»Her body would have inspired any academic painter. Looking at her from head to
foot I could see no physical defect.«

«Son corps aurait inspiré n'importe quel peintre académique. La regardant des pieds
à la tête, je ne voyais aucun défaut.»

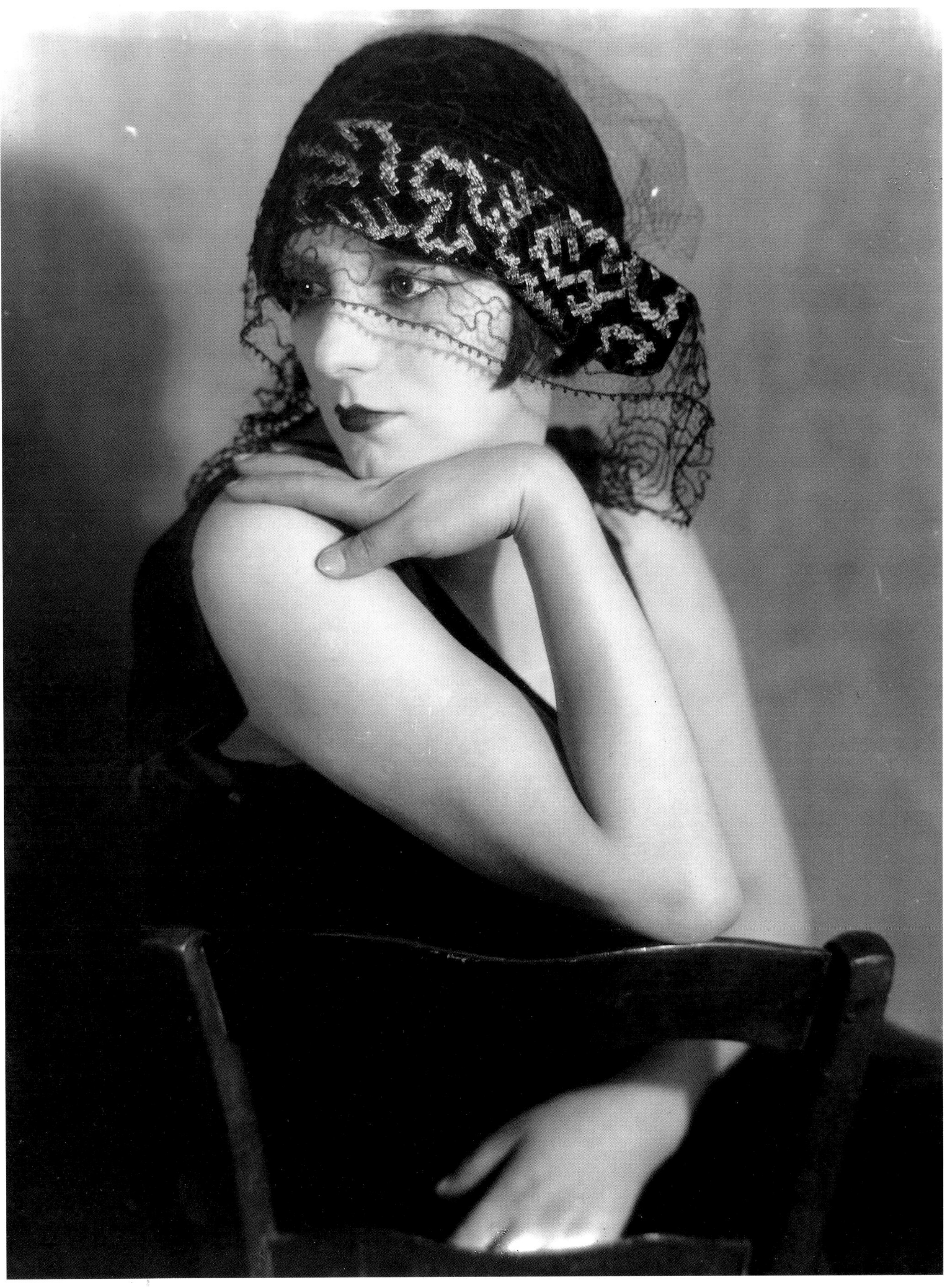

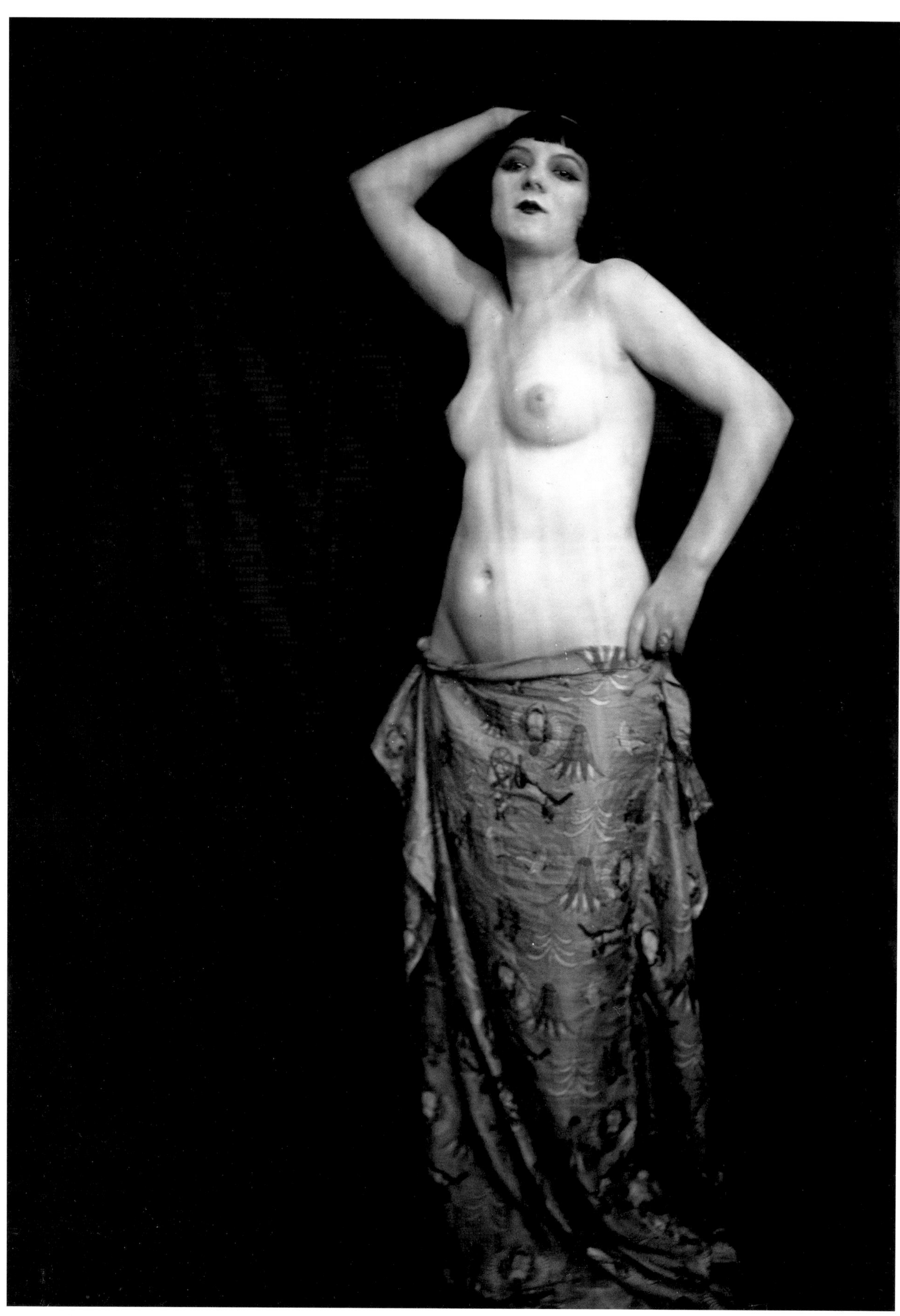

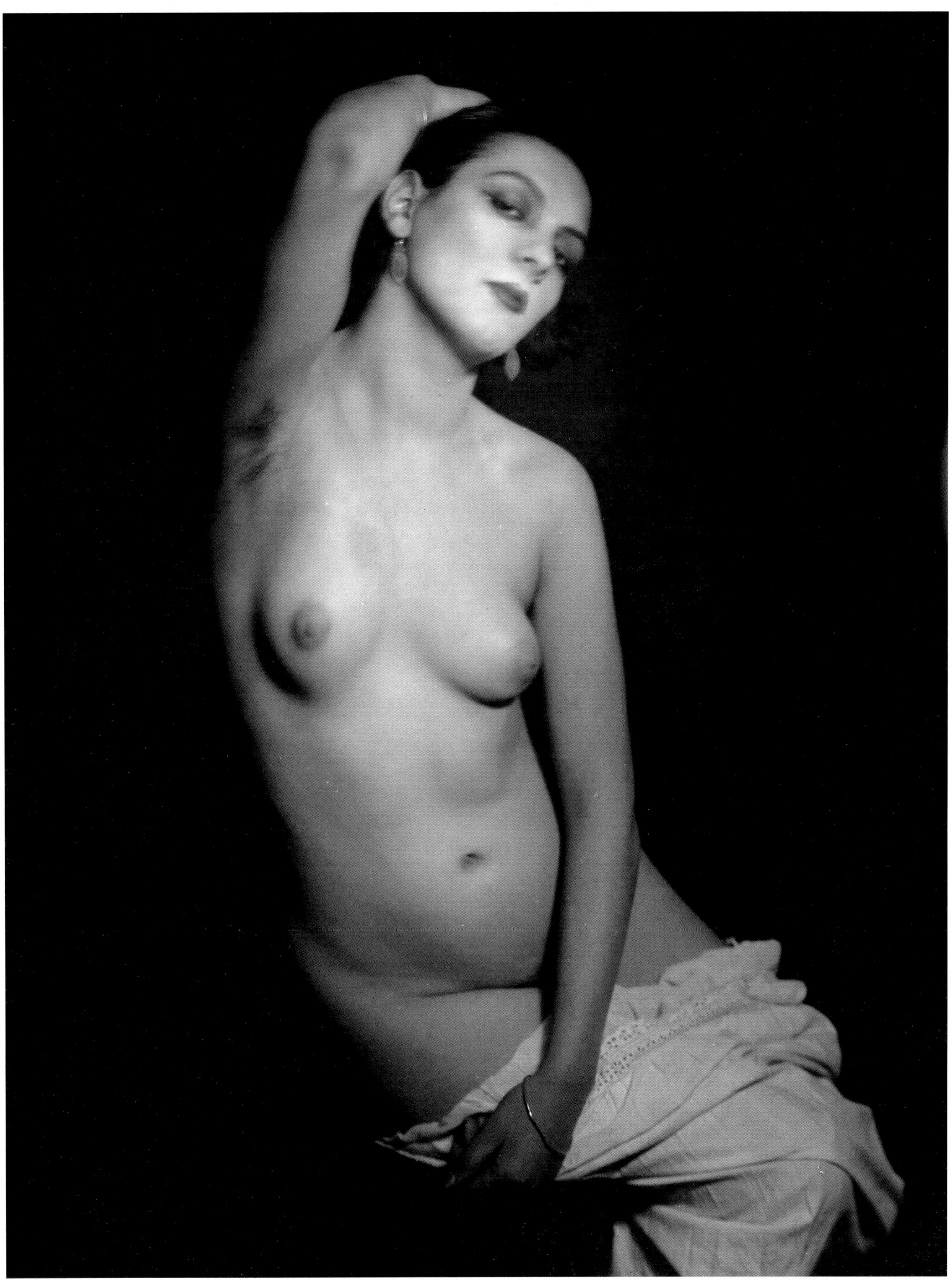

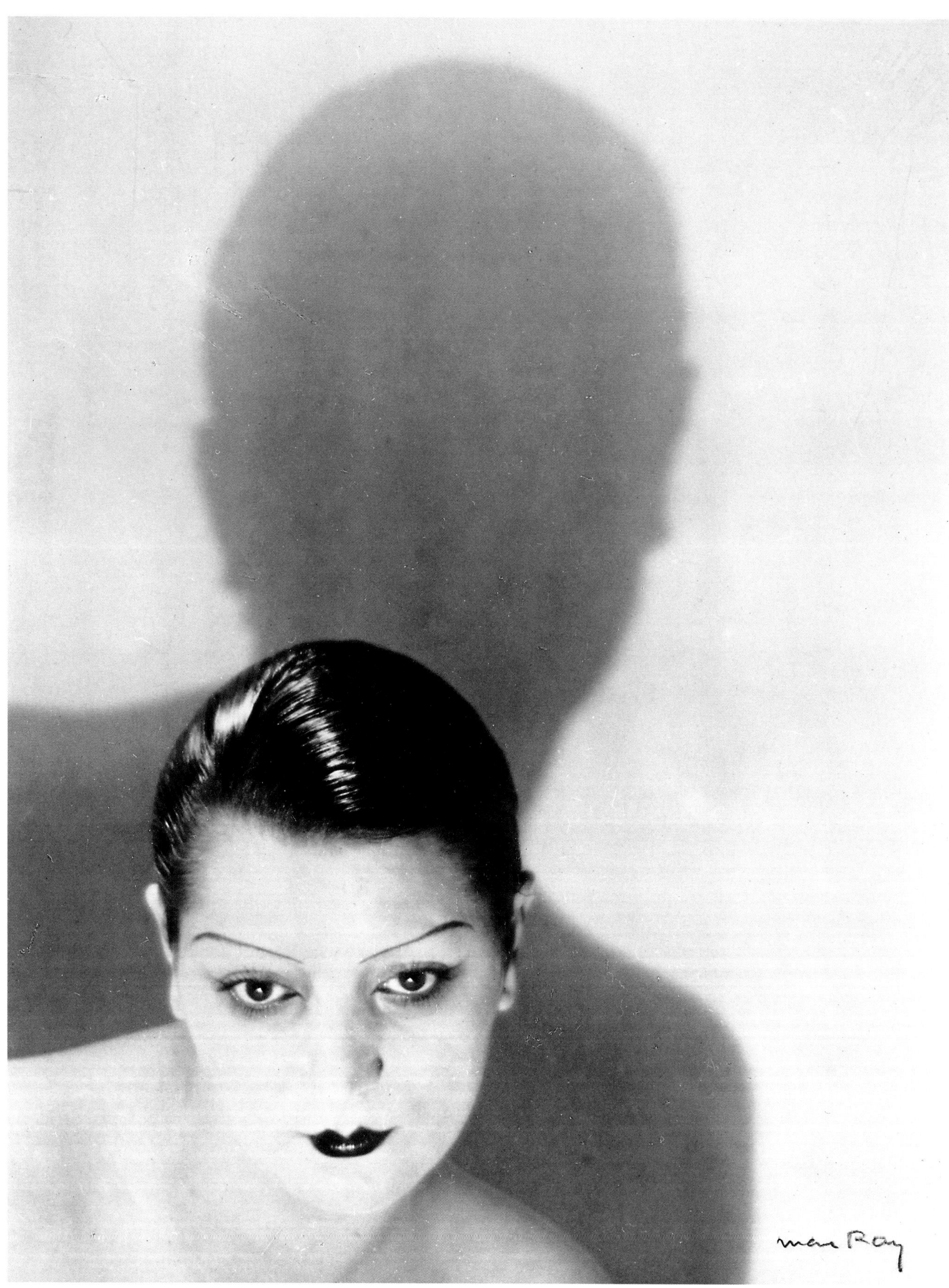

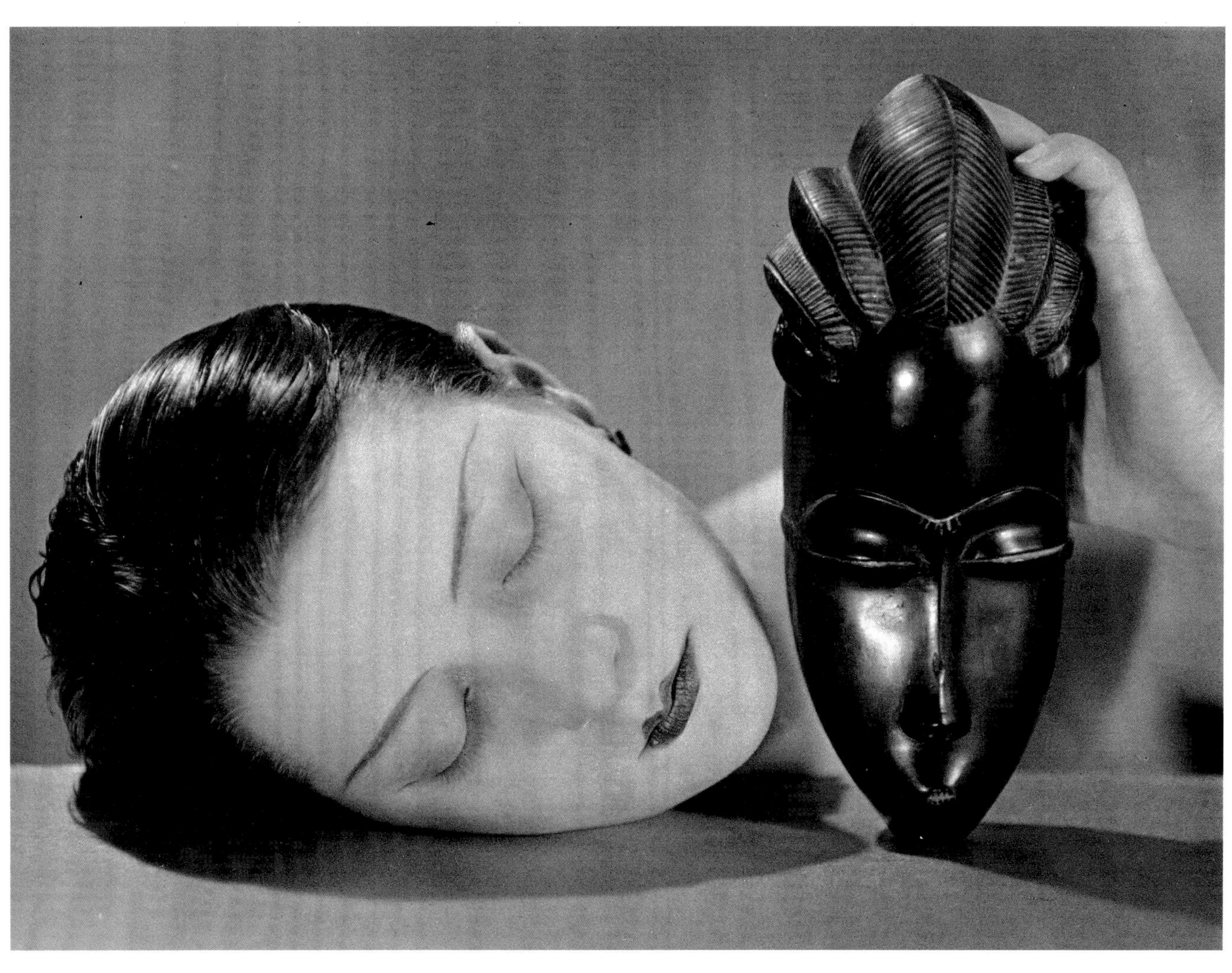

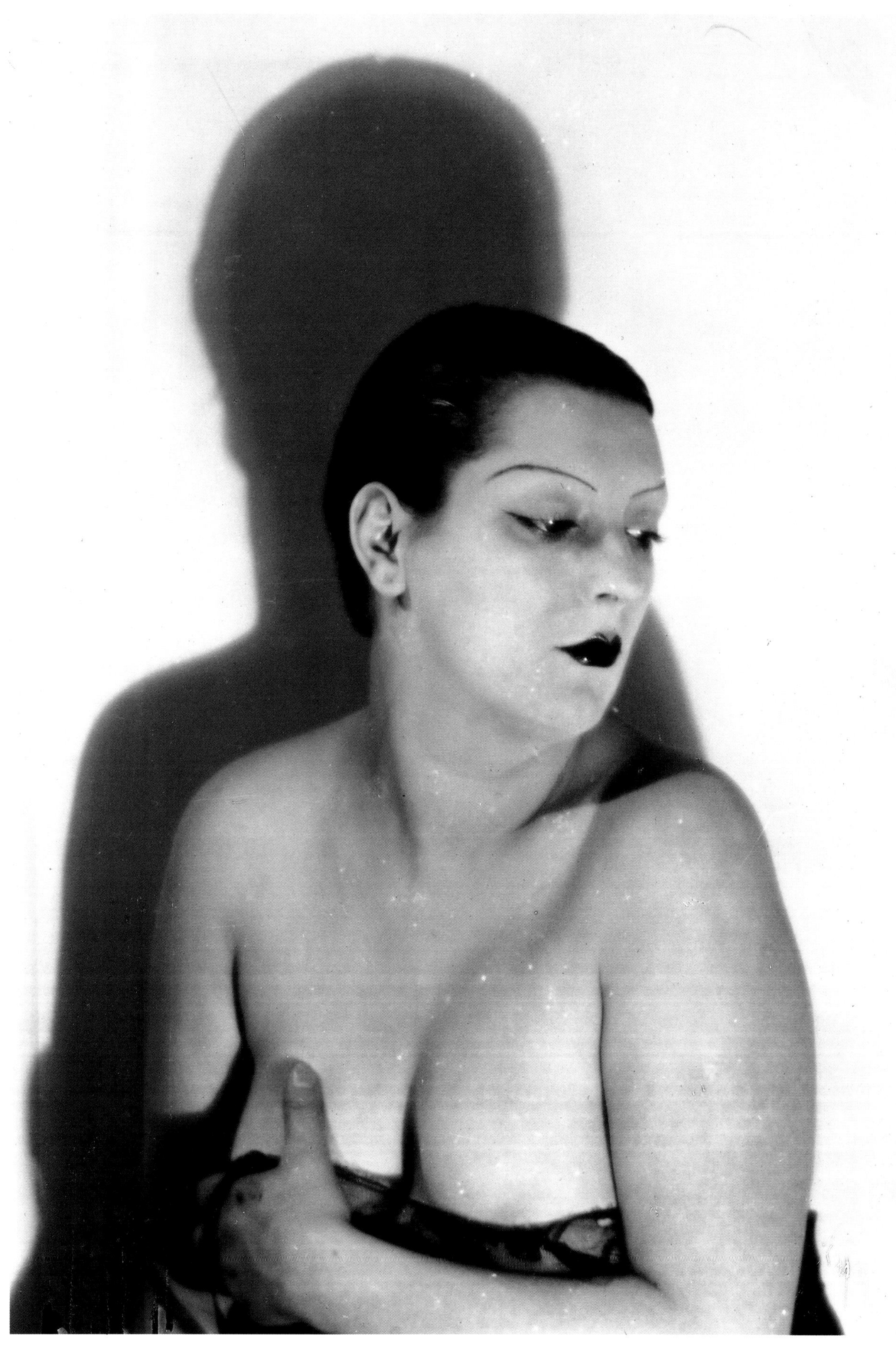

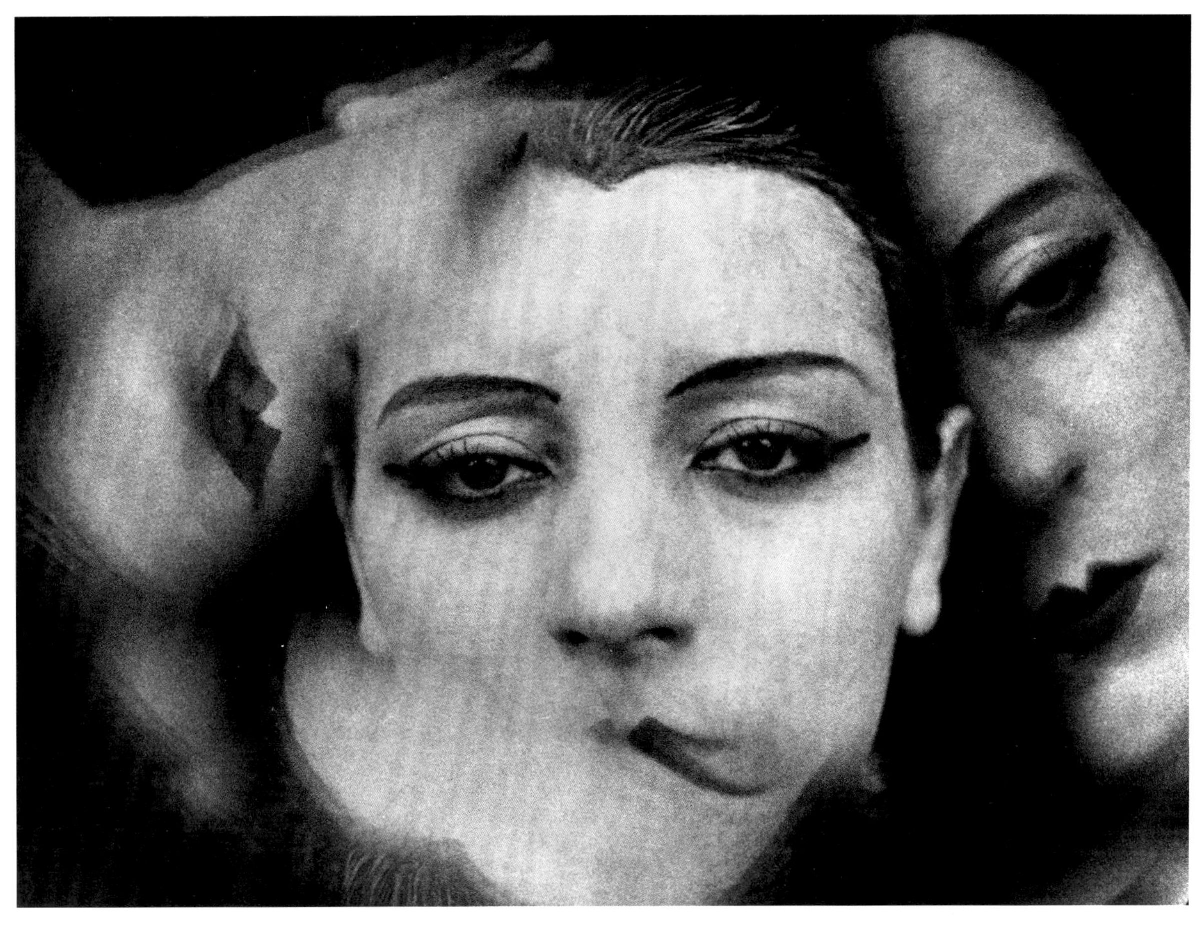

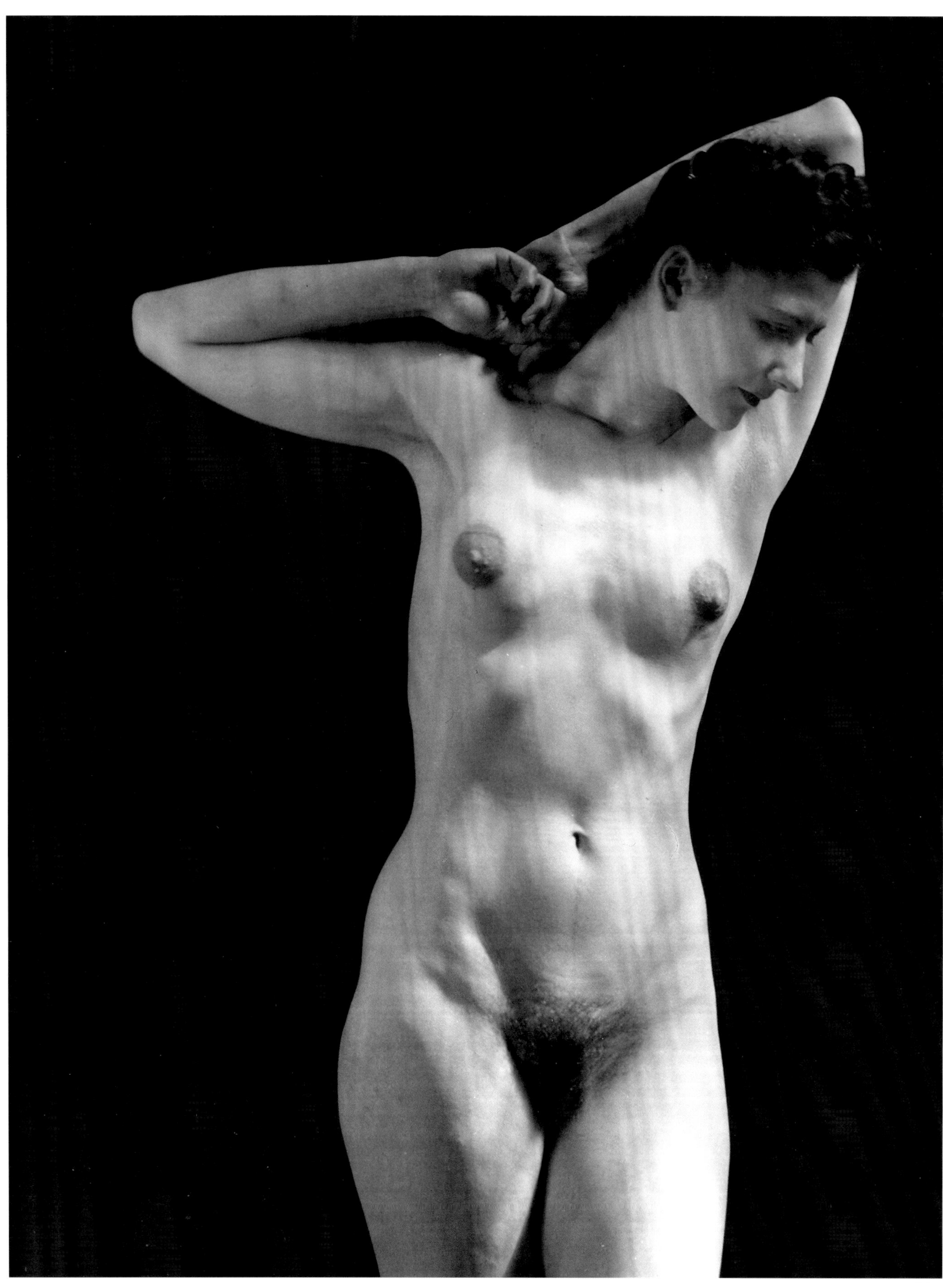

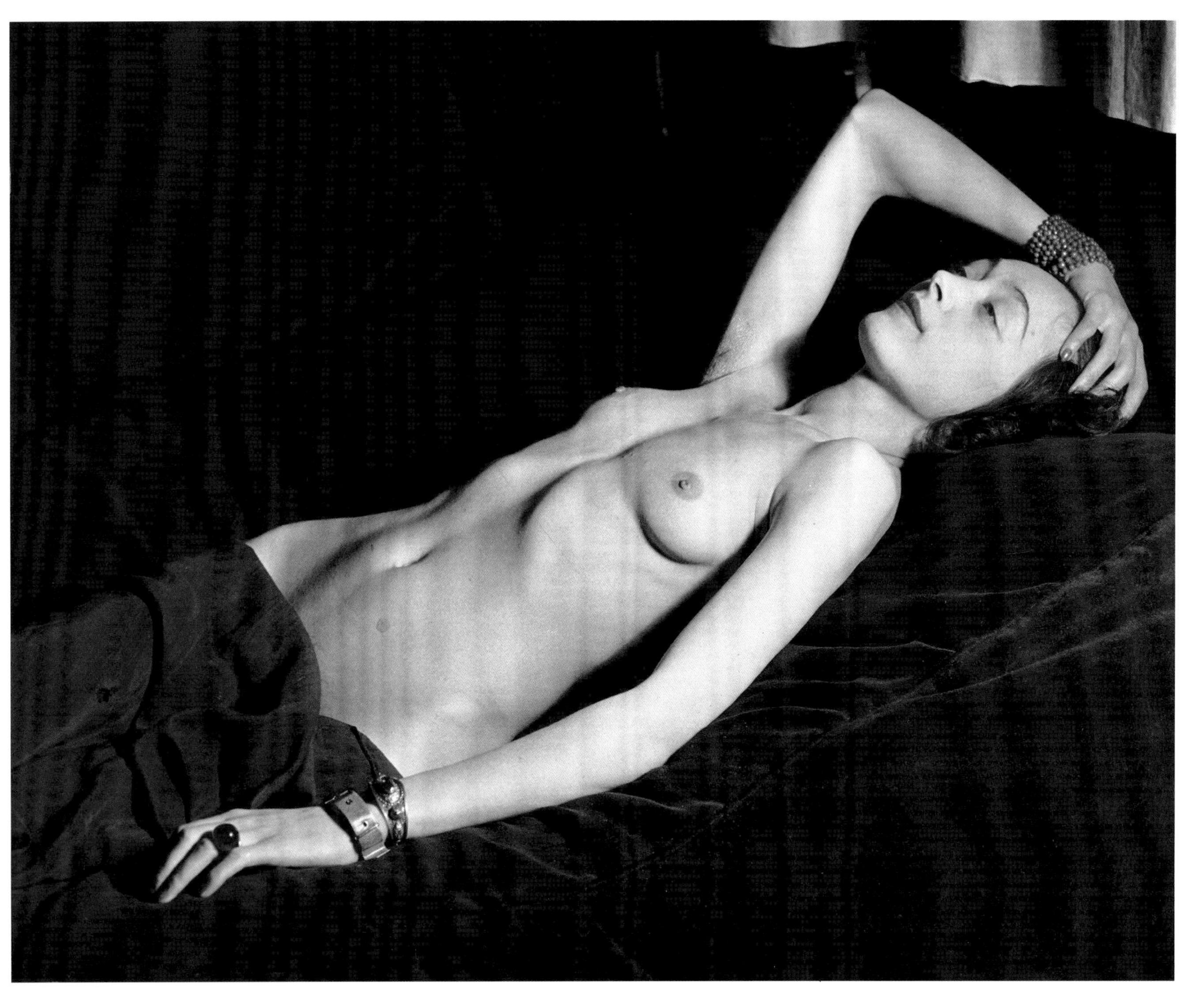

»Eine schlanke Erscheinung mit blondem Haar und wunderschönen Beinen – pausenlos wurde sie zum Tanzen aufgefordert, so daß ich mich allein um das Photographieren kümmern mußte.«

»A slim figure with blond hair and lovely legs, she was continually being taken away to dance, leaving me to concentrate alone on my photography.«

«Une silhouette élancée aux cheveux blonds et aux jambes magnifiques – sans cesse, on l'invitait à danser, de sorte que je dus prendre des photos tout seul.»

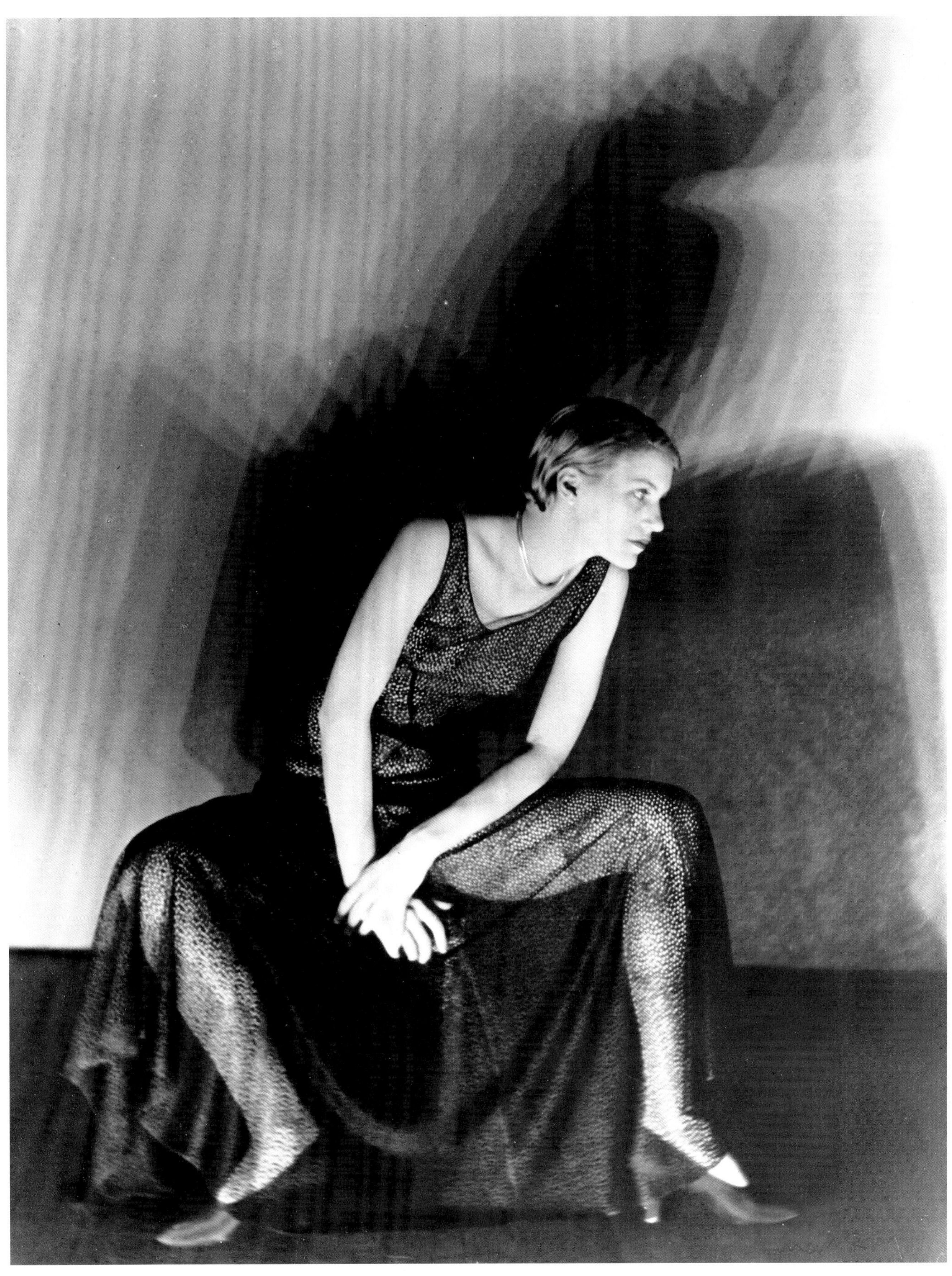

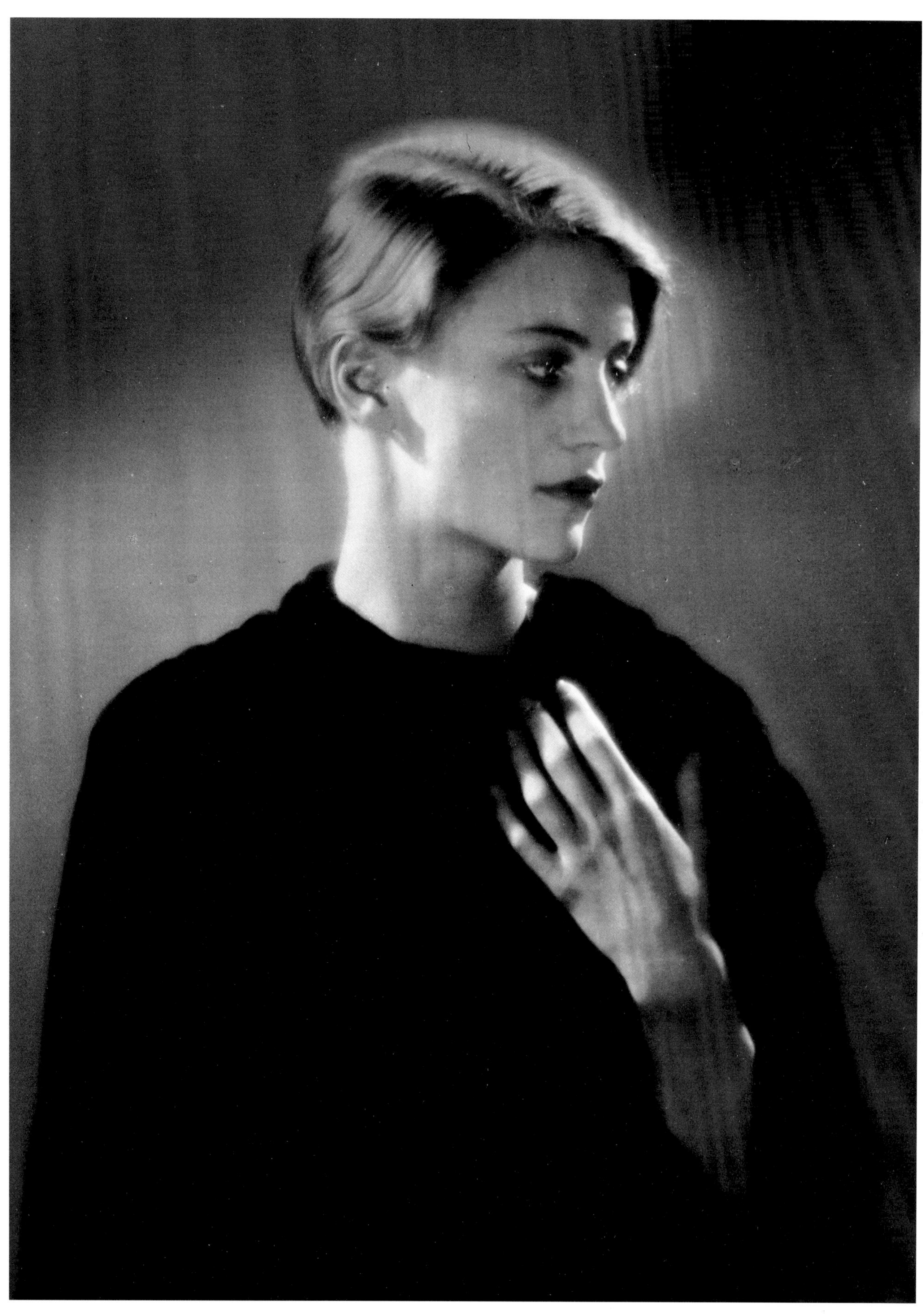

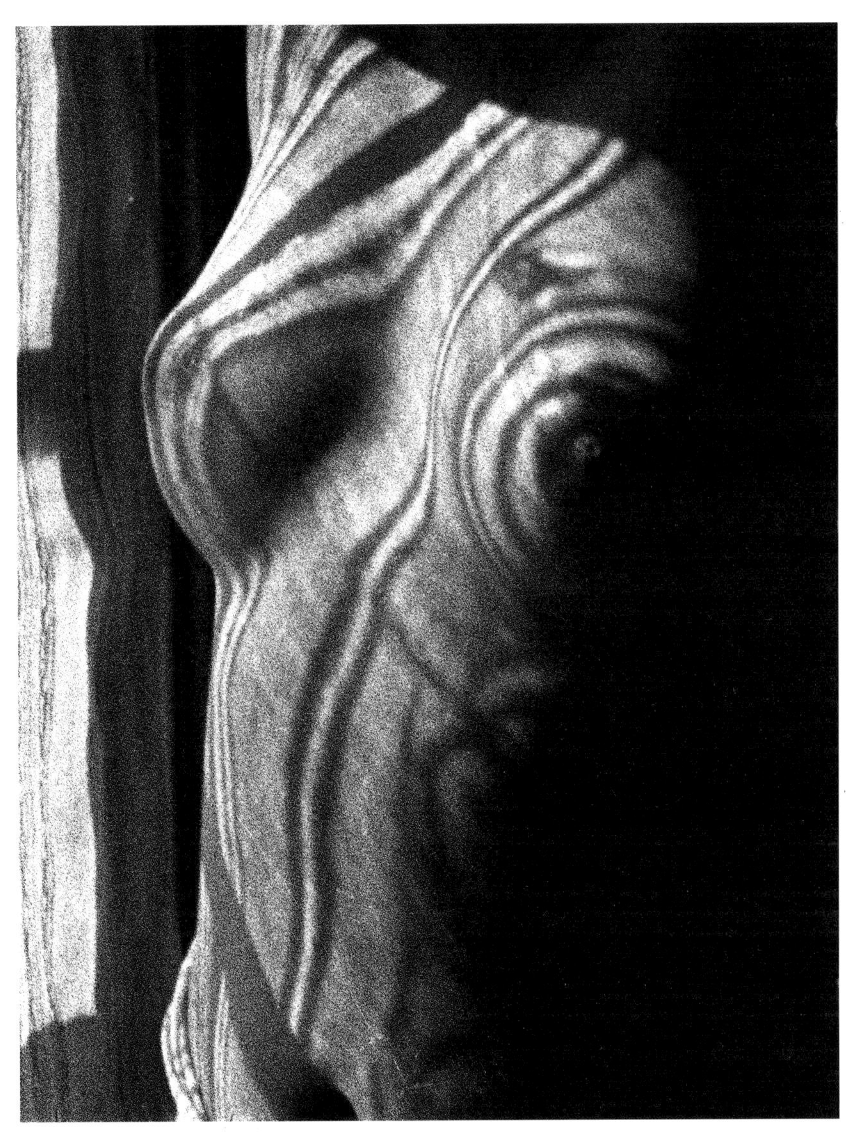

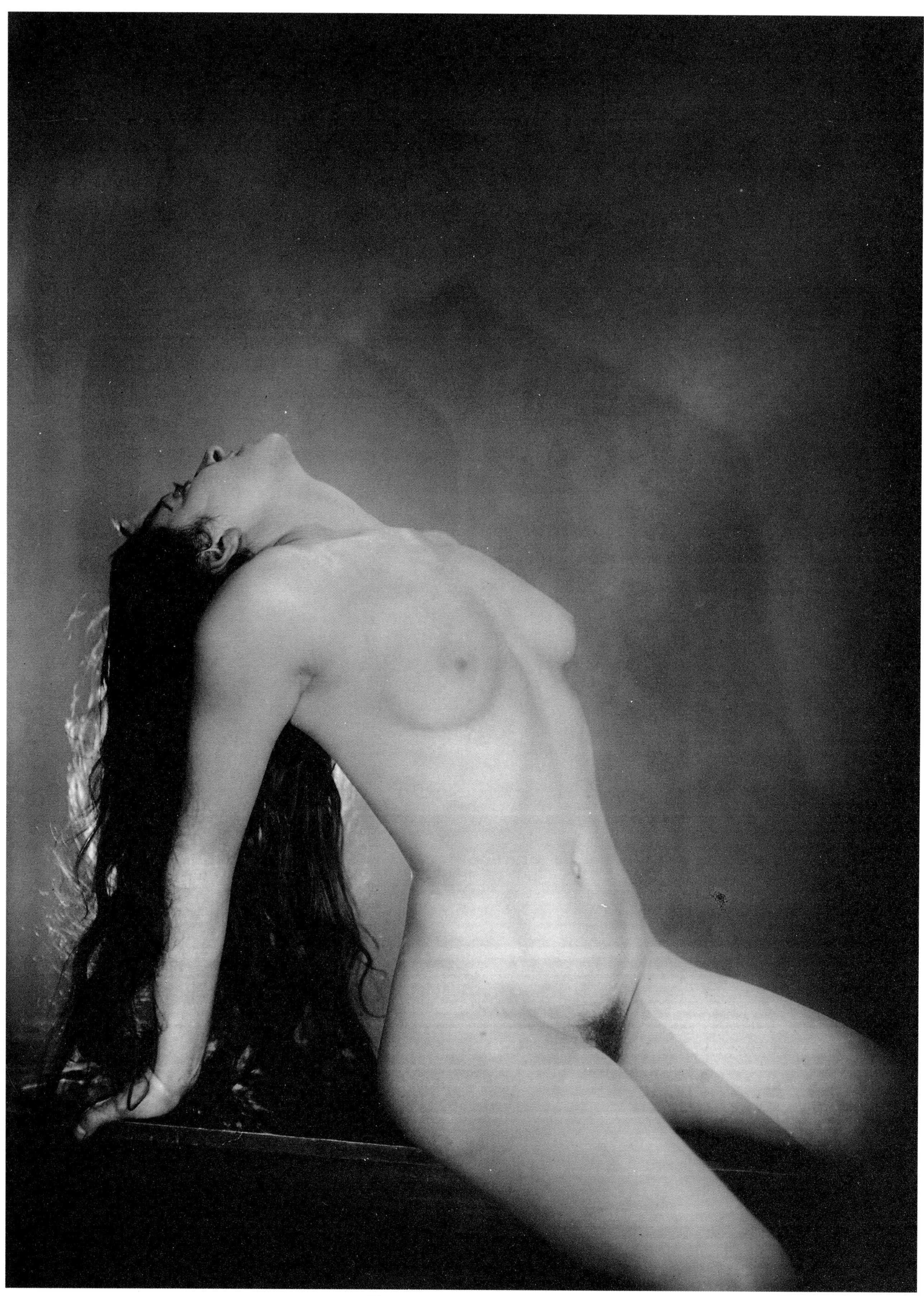

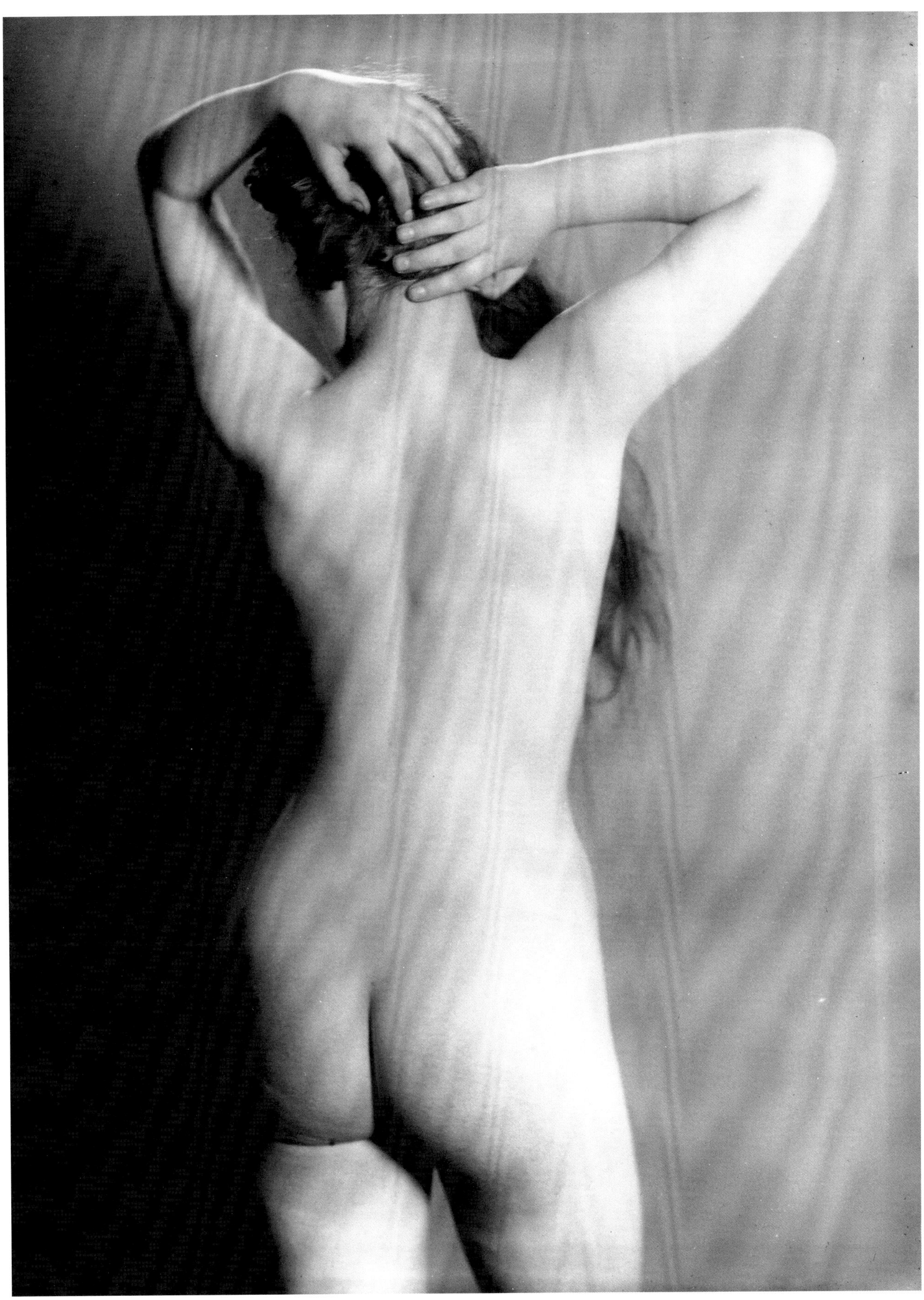

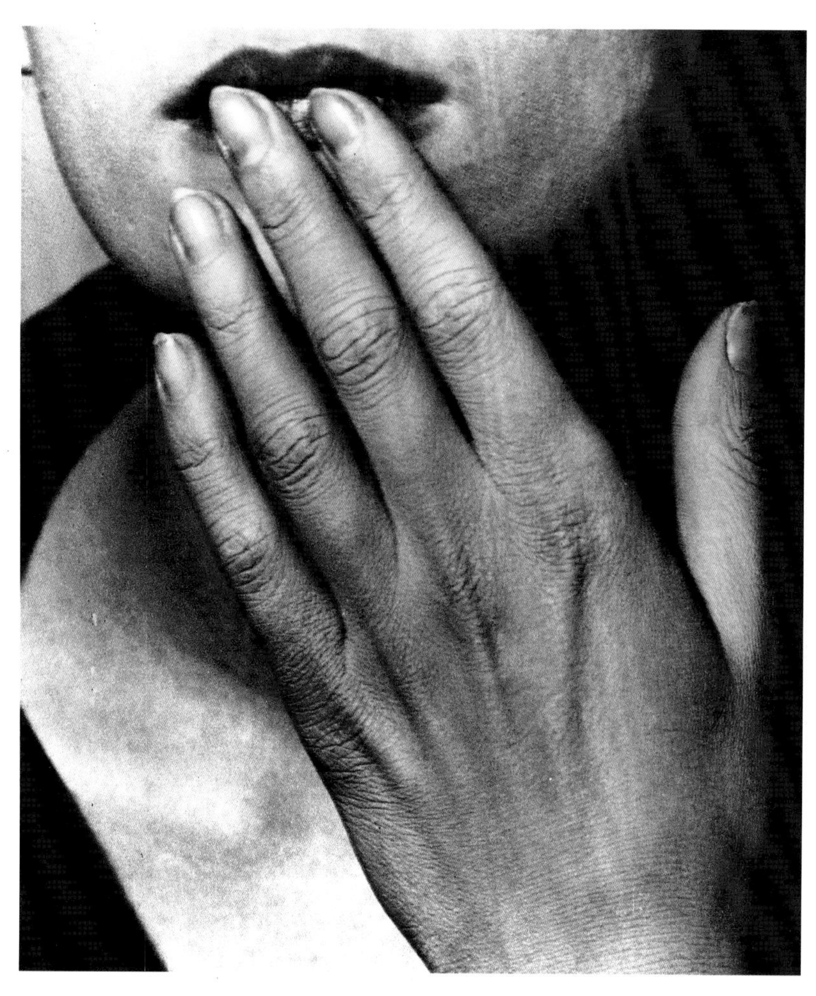

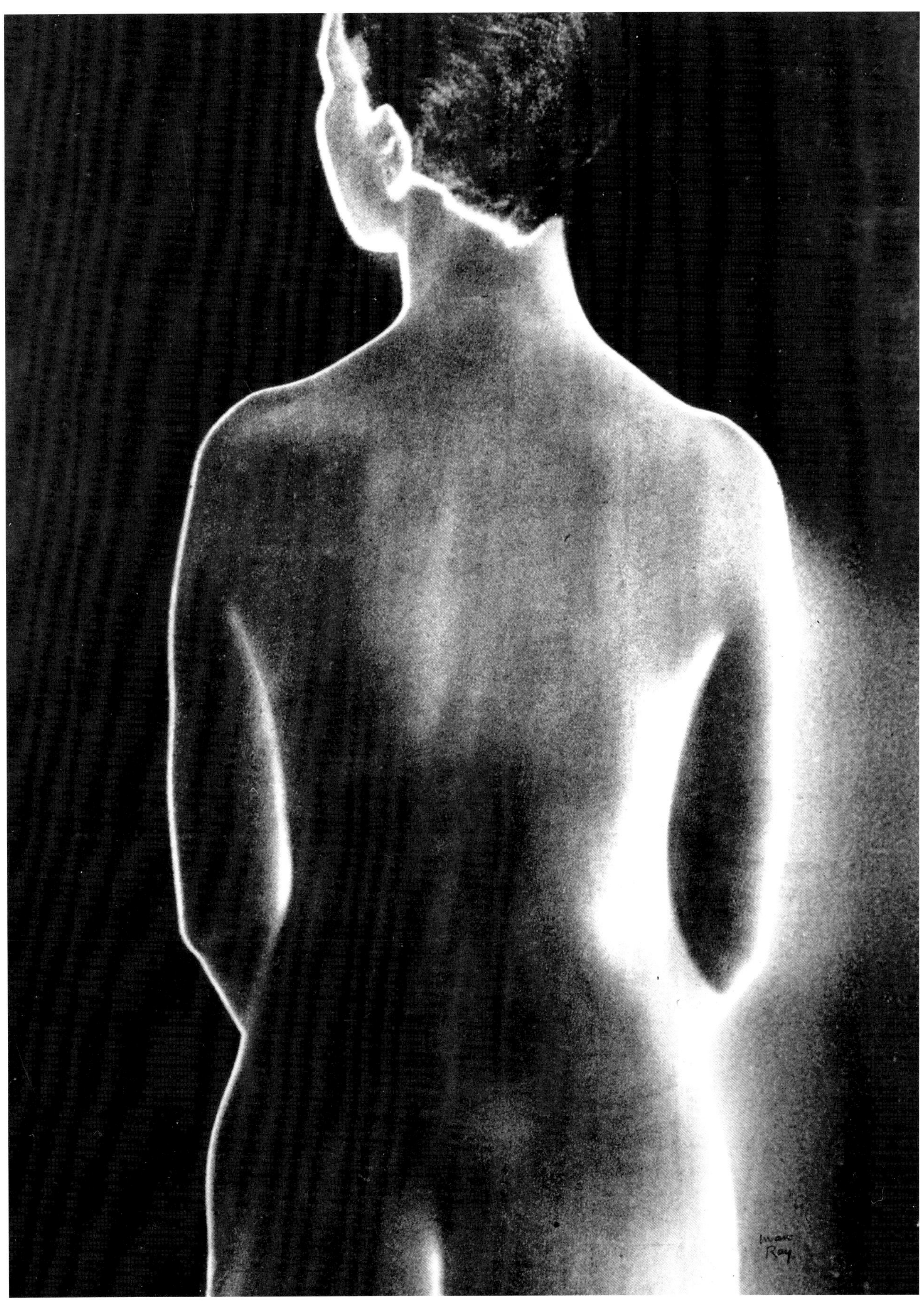
Man
Ray.

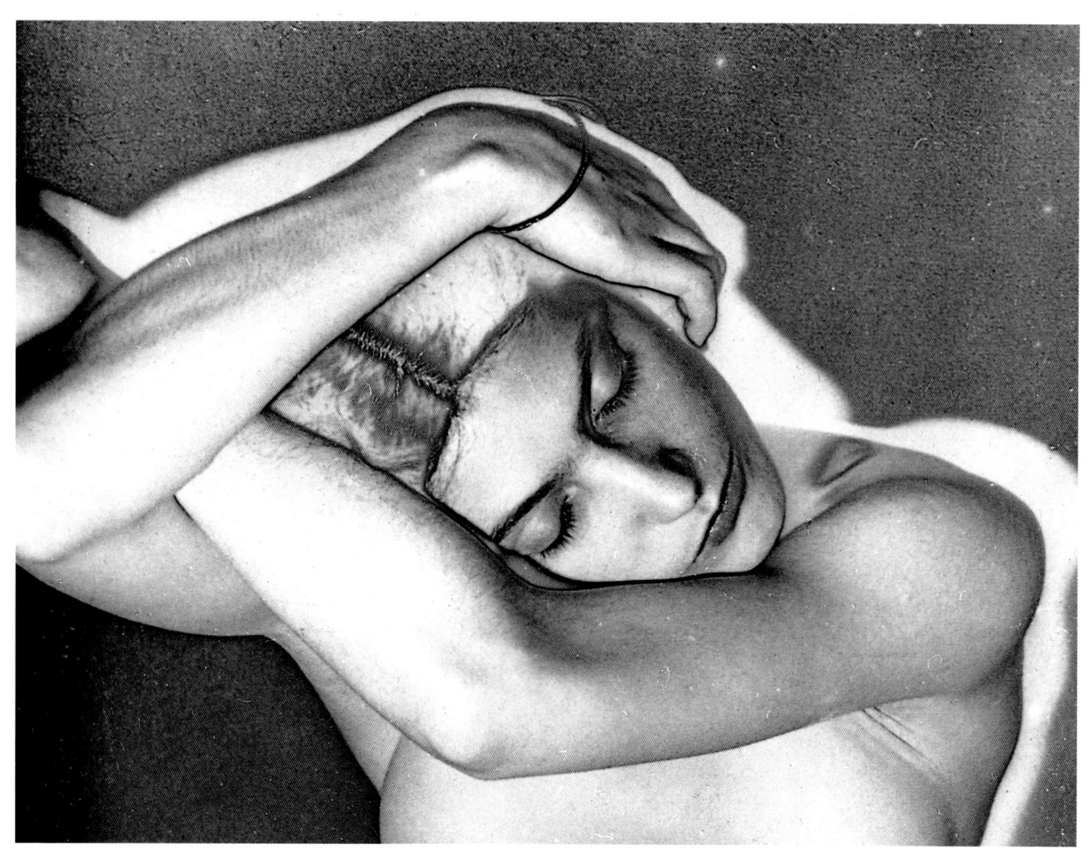

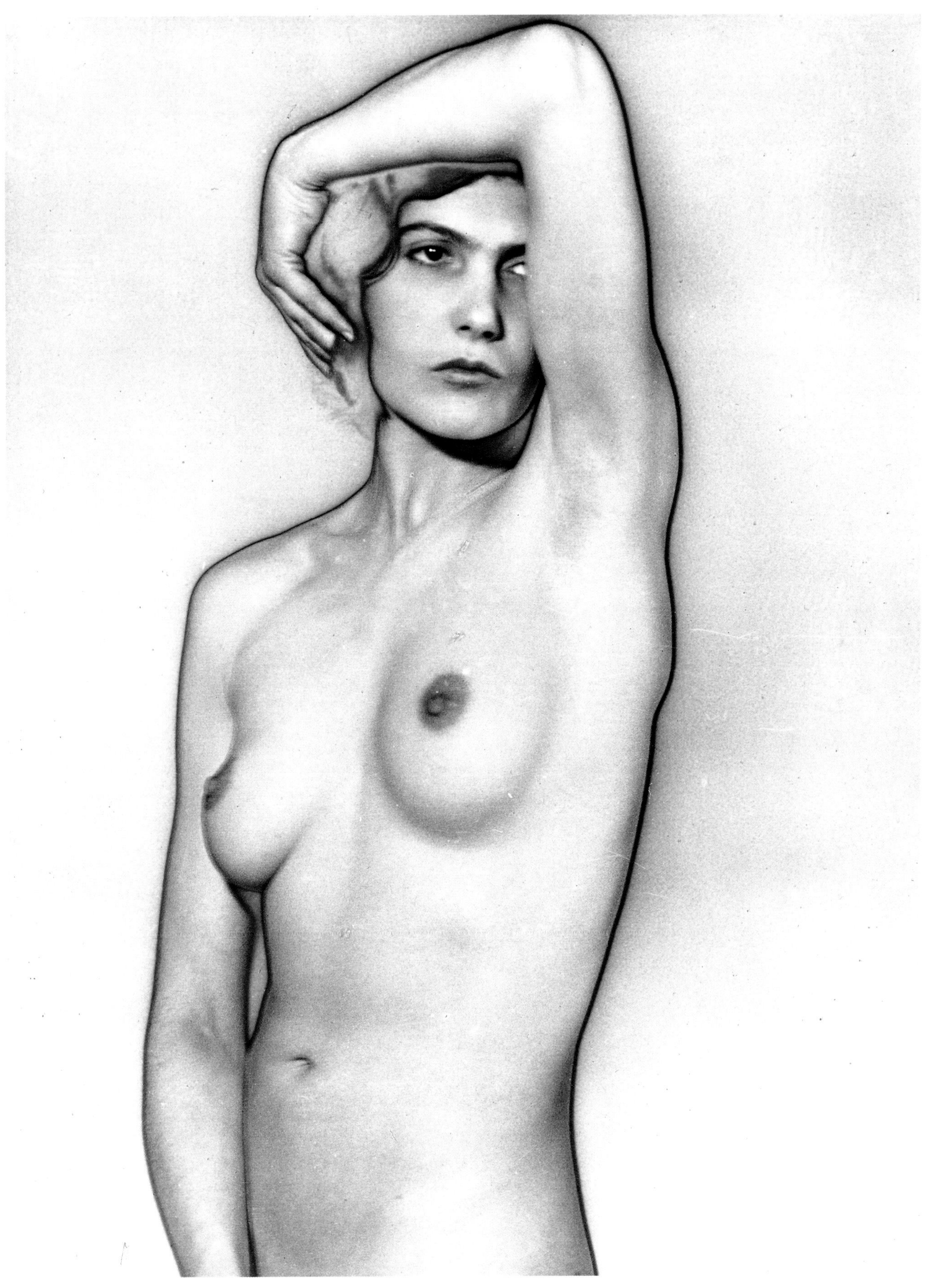

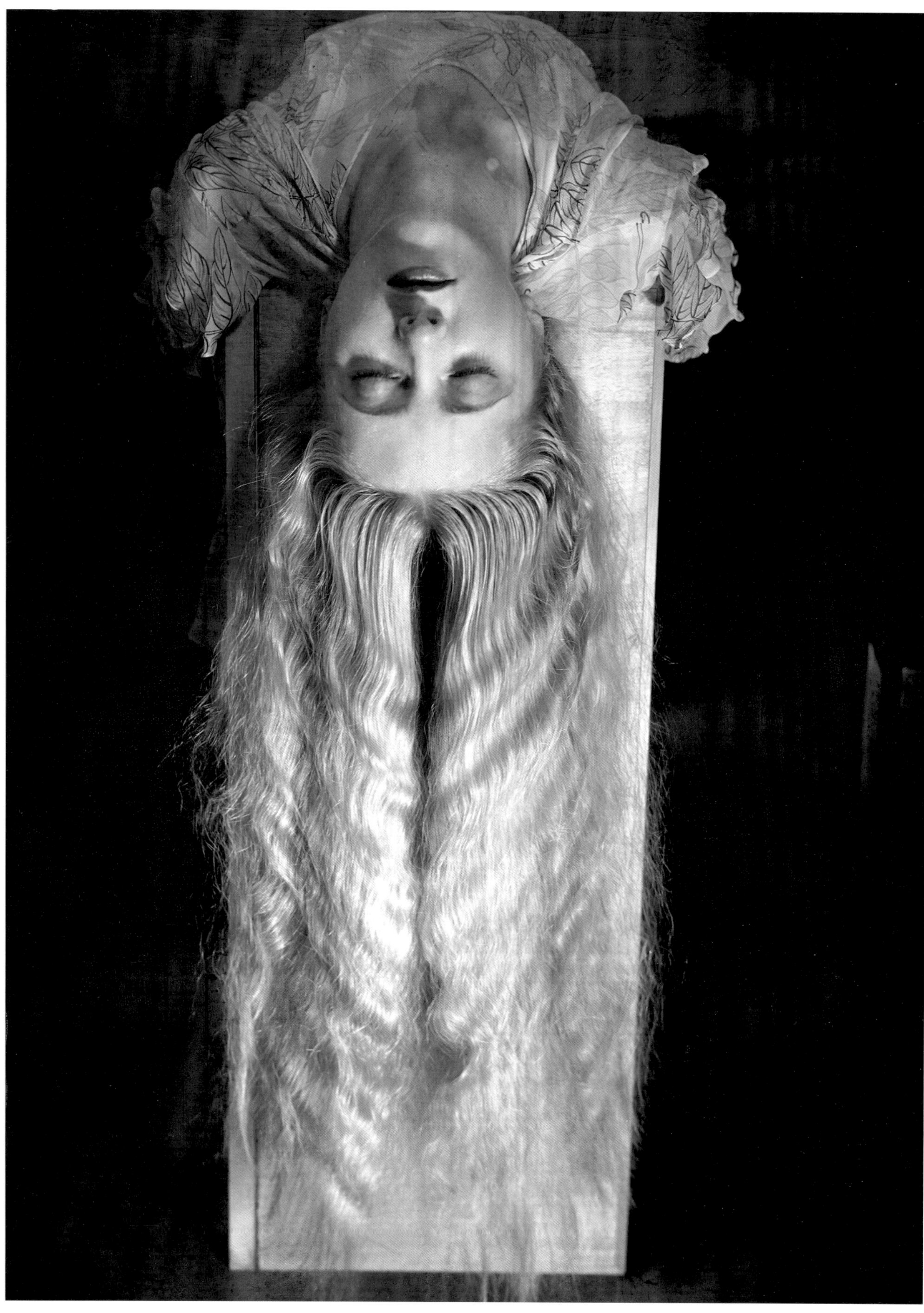

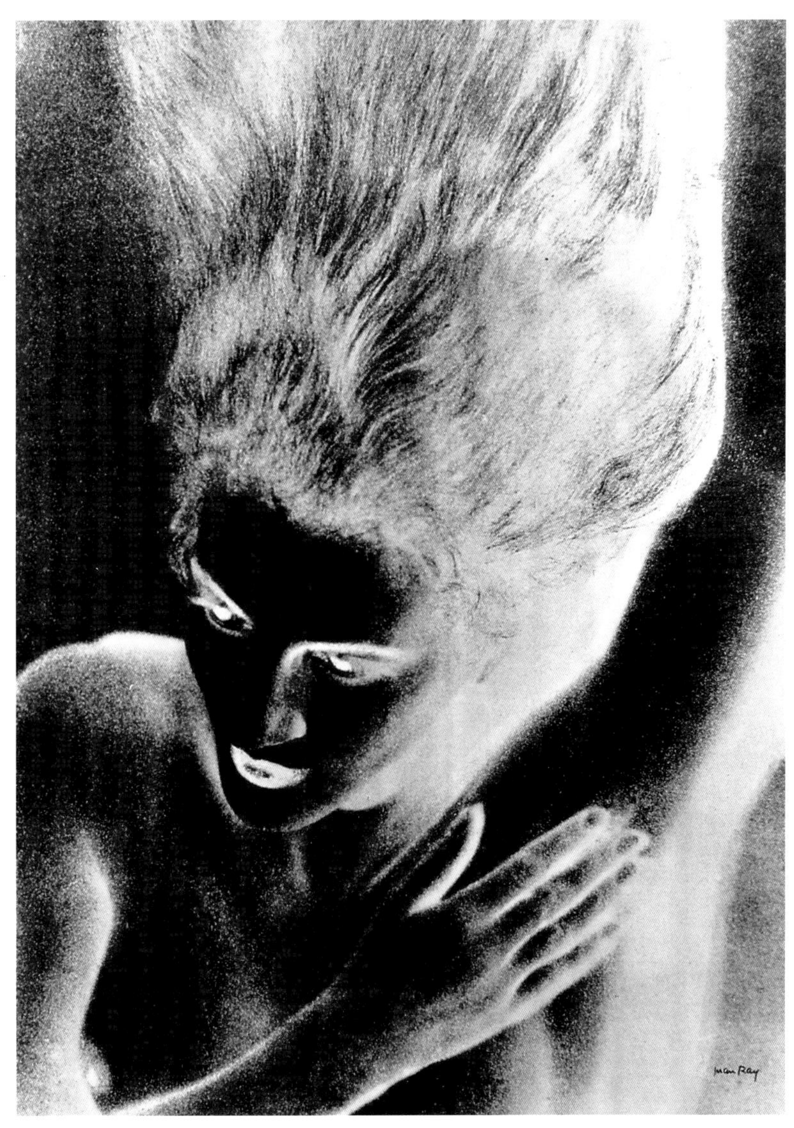

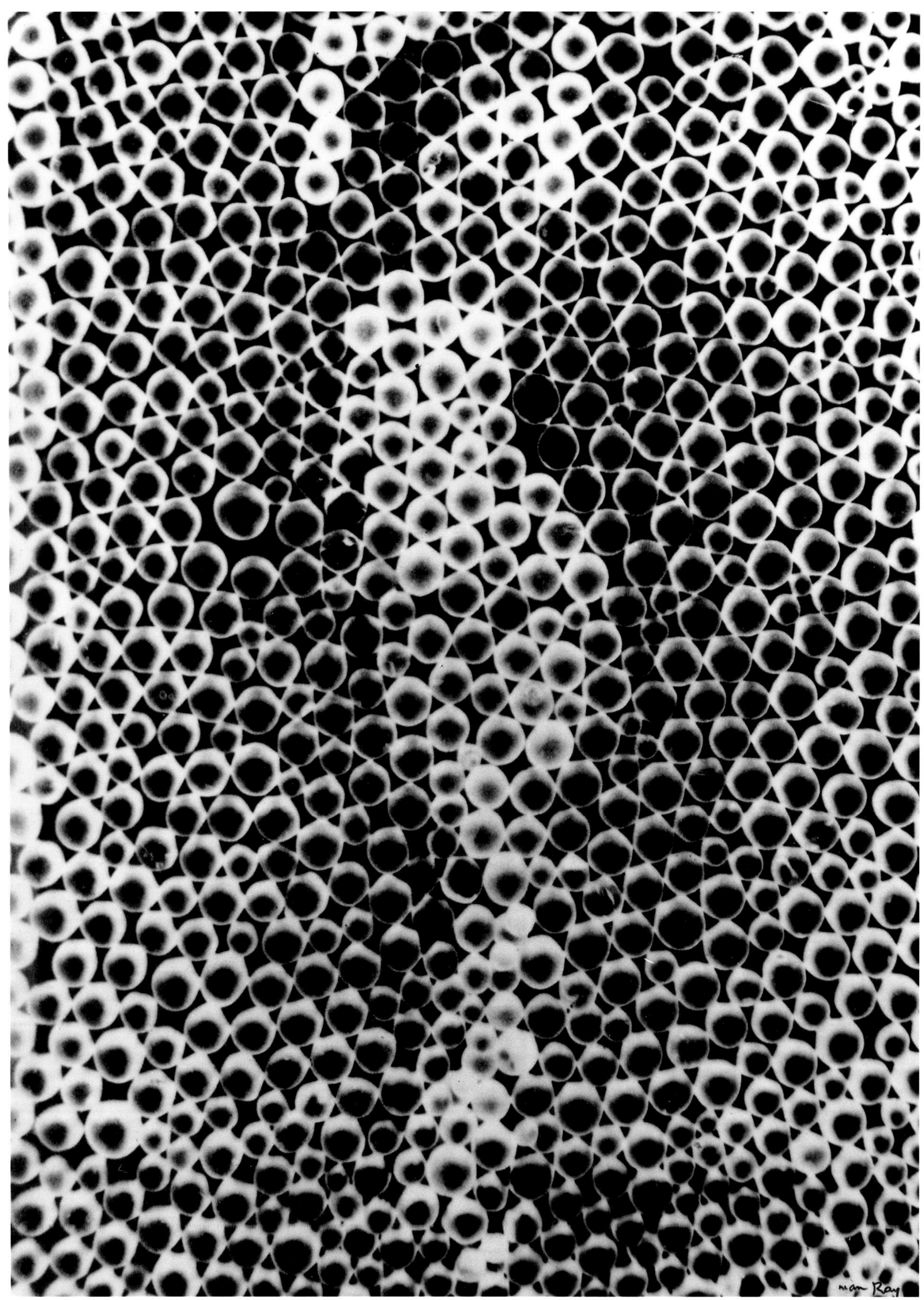

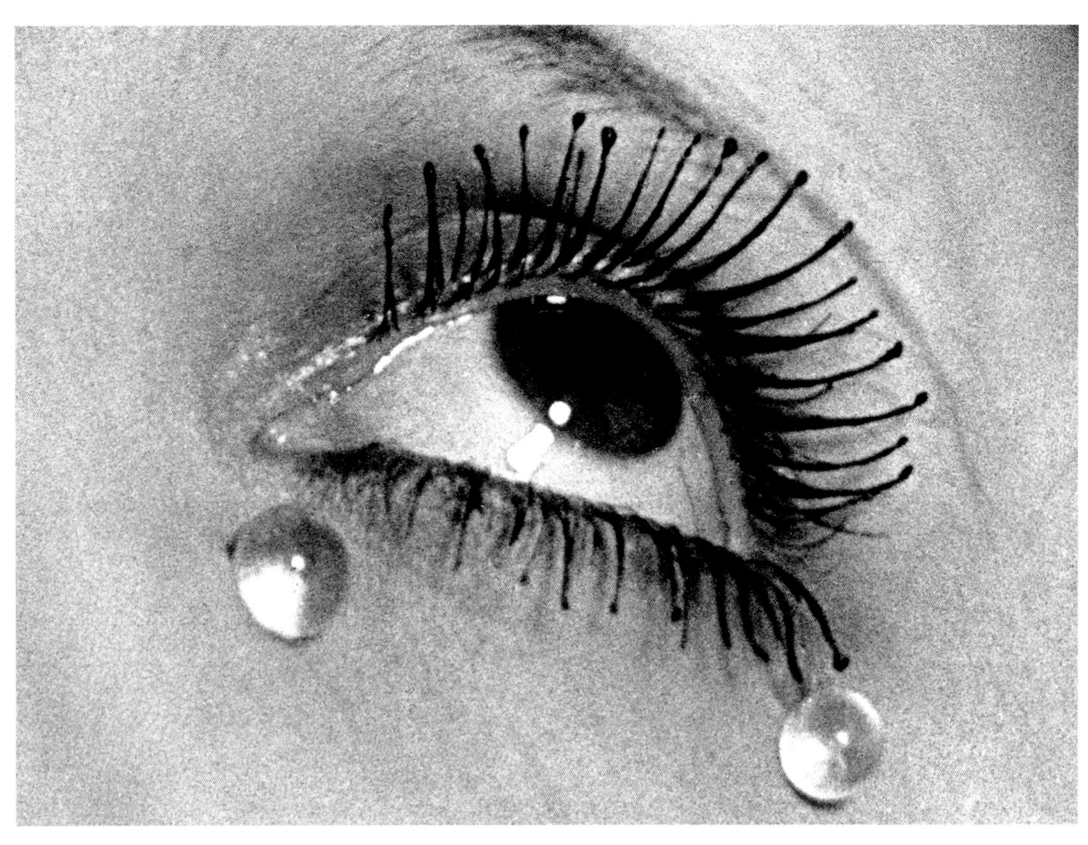

»Was die Akte angeht, so hatte ich immer eine besondere Vorliebe für dieses Thema,
in meinen Gemälden ebenso wie in meinen Photos, und ich muß gestehen, daß das
nicht nur rein künstlerische Gründe hatte.«

»Speaking of nudes, I have always had a great fondness for this subject, both in my
paintings and in my photos, and I must admit, not for purley artistic reasons.«

«En ce qui concerne les nus, ils ont toujours constitué pour moi un thème de prédi-
lection, aussi bien dans mes peintures que dans mes photos, et je dois avouer que
ceci n'est pas seulement dû à des raisons purement artistiques.»

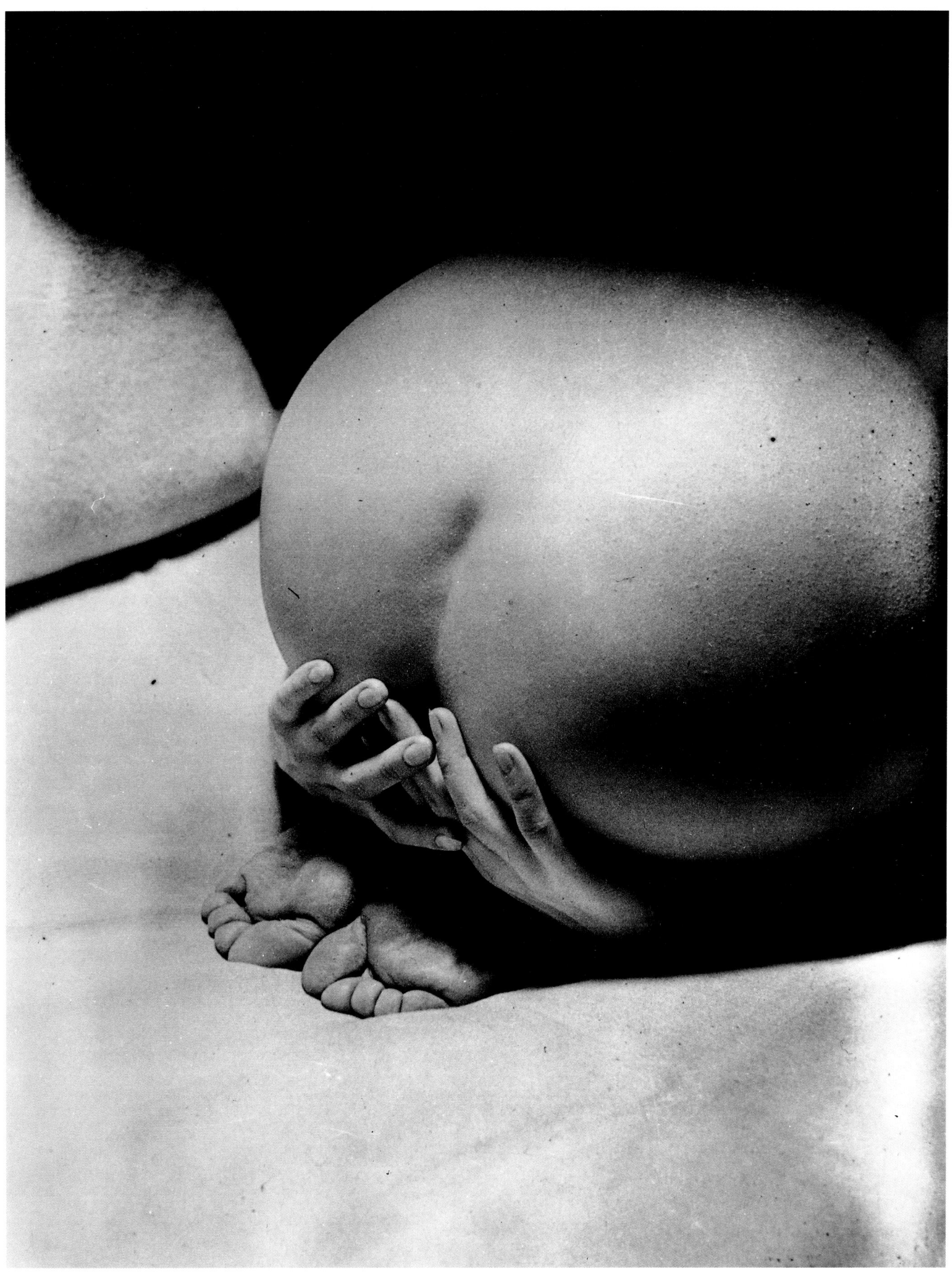

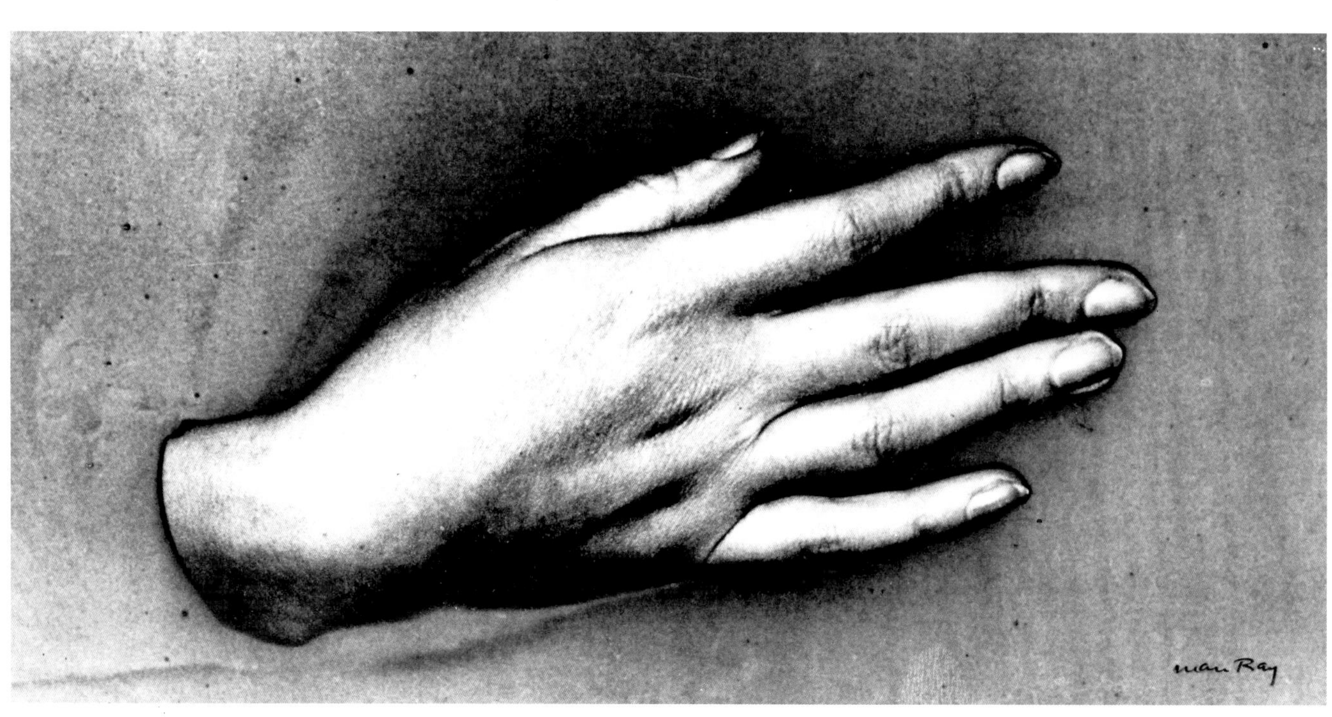
man Ray

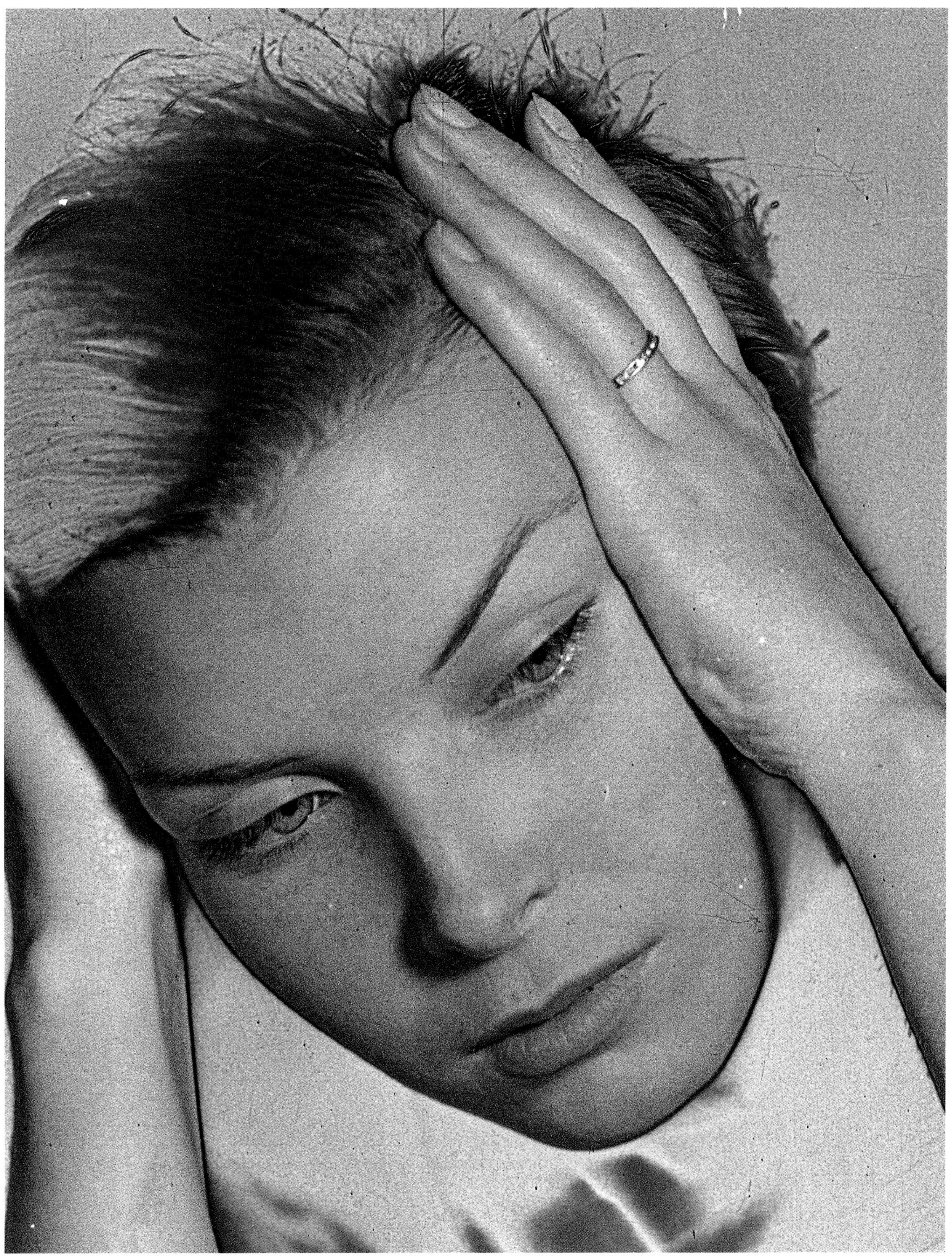

»Ich sagte, einen Akt zu photographieren sei die schwierigste Aufgabe überhaupt,
und je schöner das Modell, desto schwieriger sei es, etwas zu schaffen, was ihm
gerecht werde.«

»I said that photographing a nude was the hardest work, in fact, the more beautiful
the model the more difficult it was to make something that did her justice.«

«Je dis que photographier un nu demandait somme toute d'extrêmes efforts, et que
plus le modèle était beau, plus il était difficile de créer quelque chose qui rendît
justice à sa beauté.»

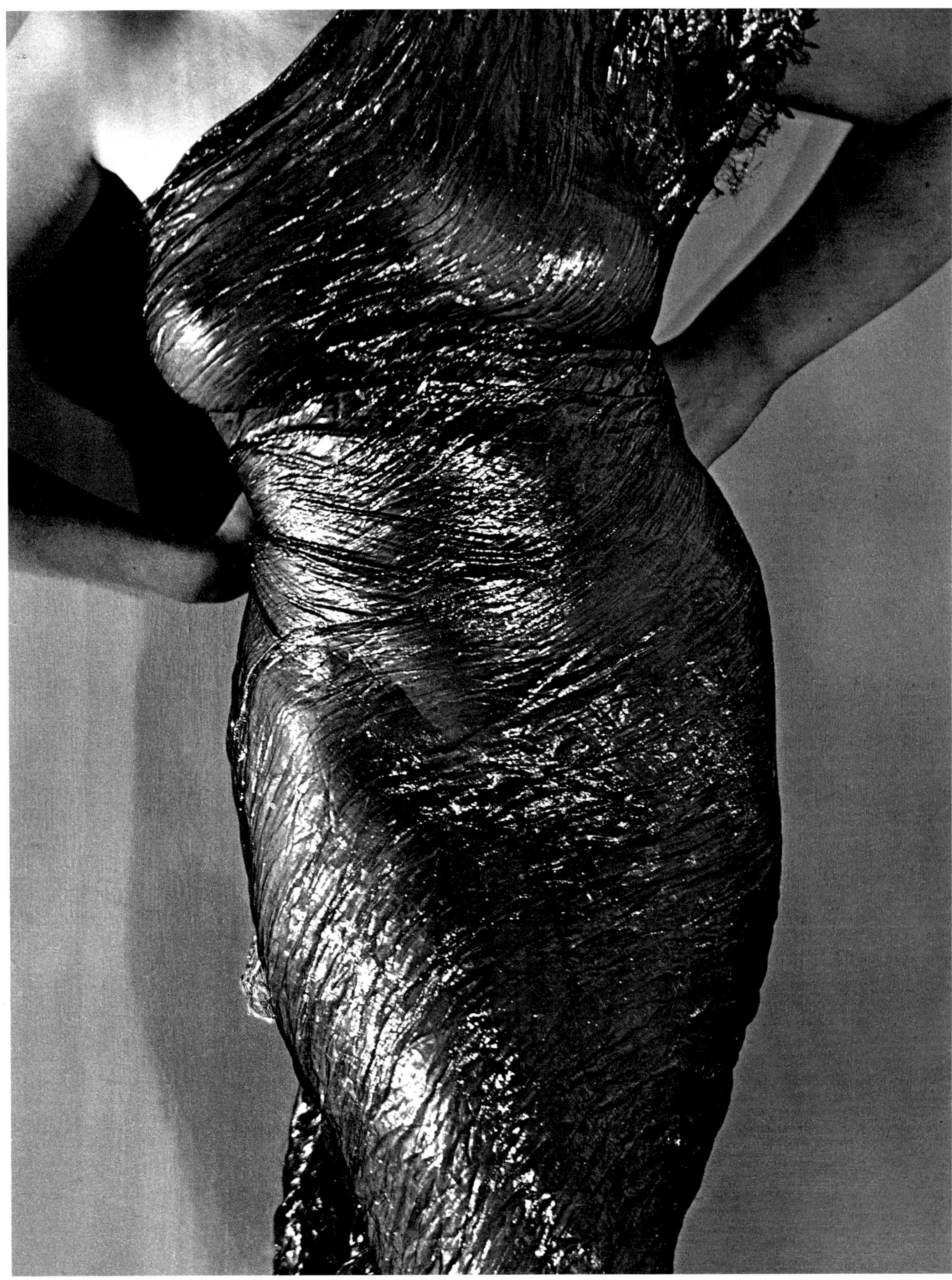

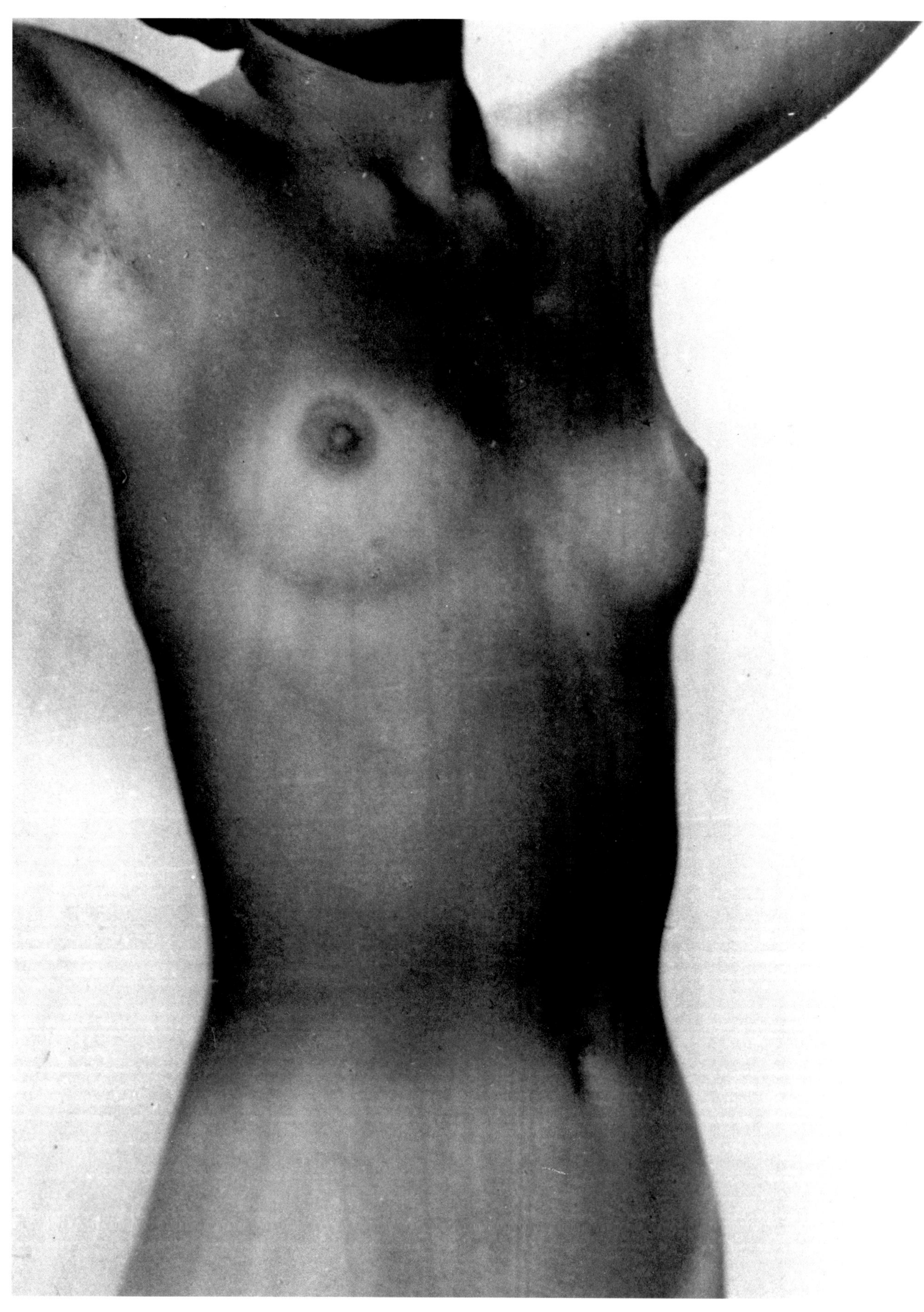

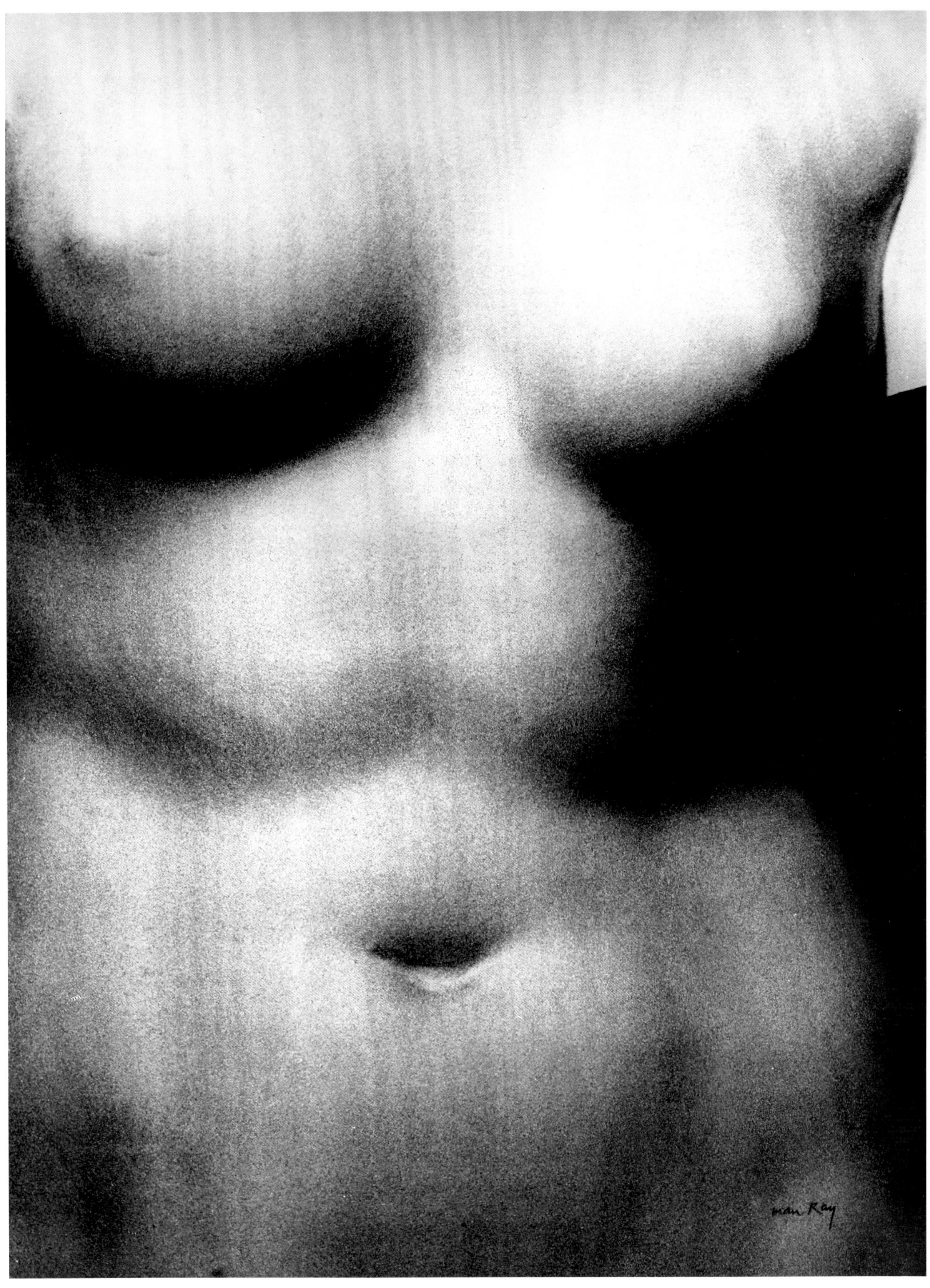

man Ray

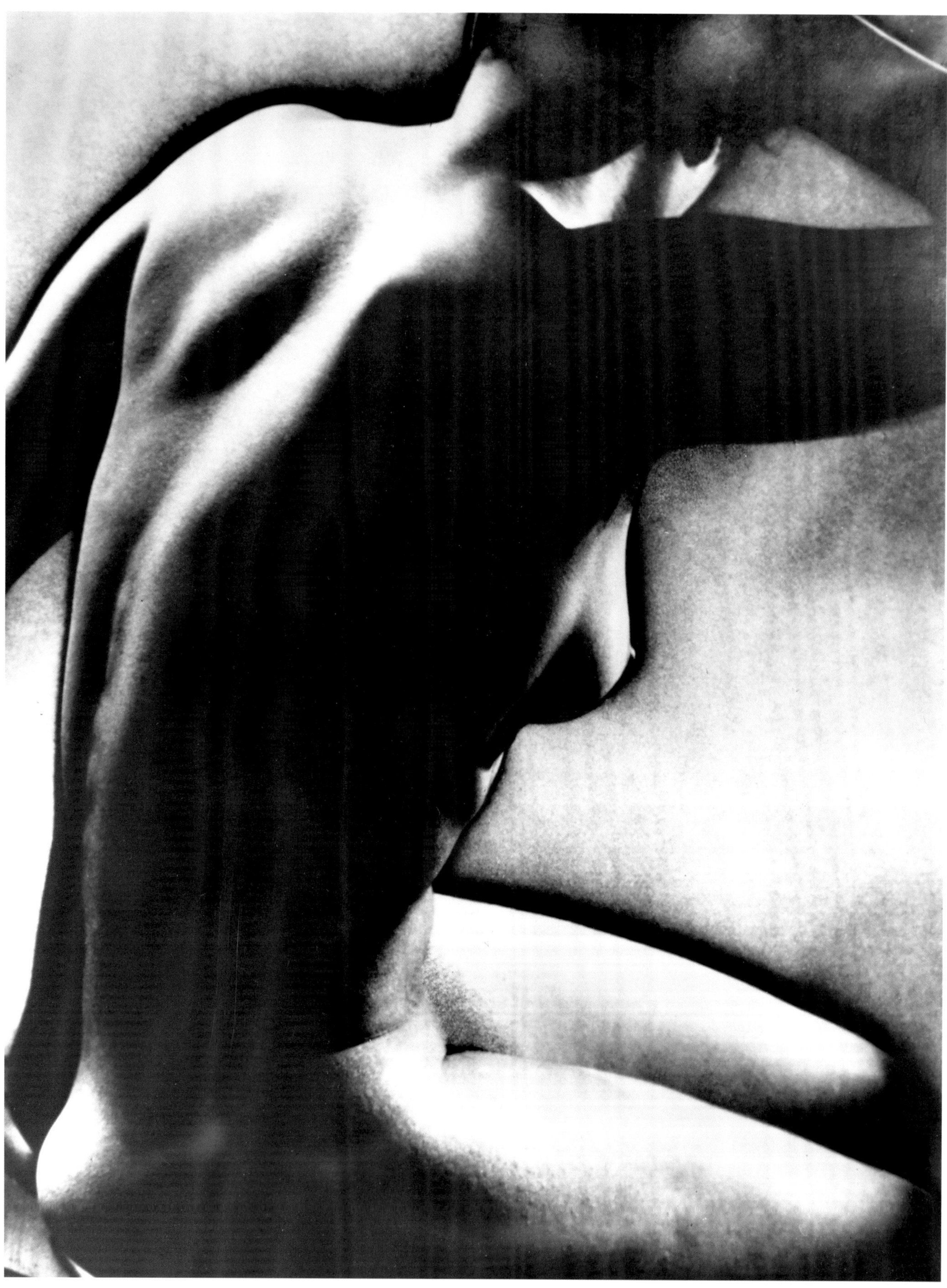

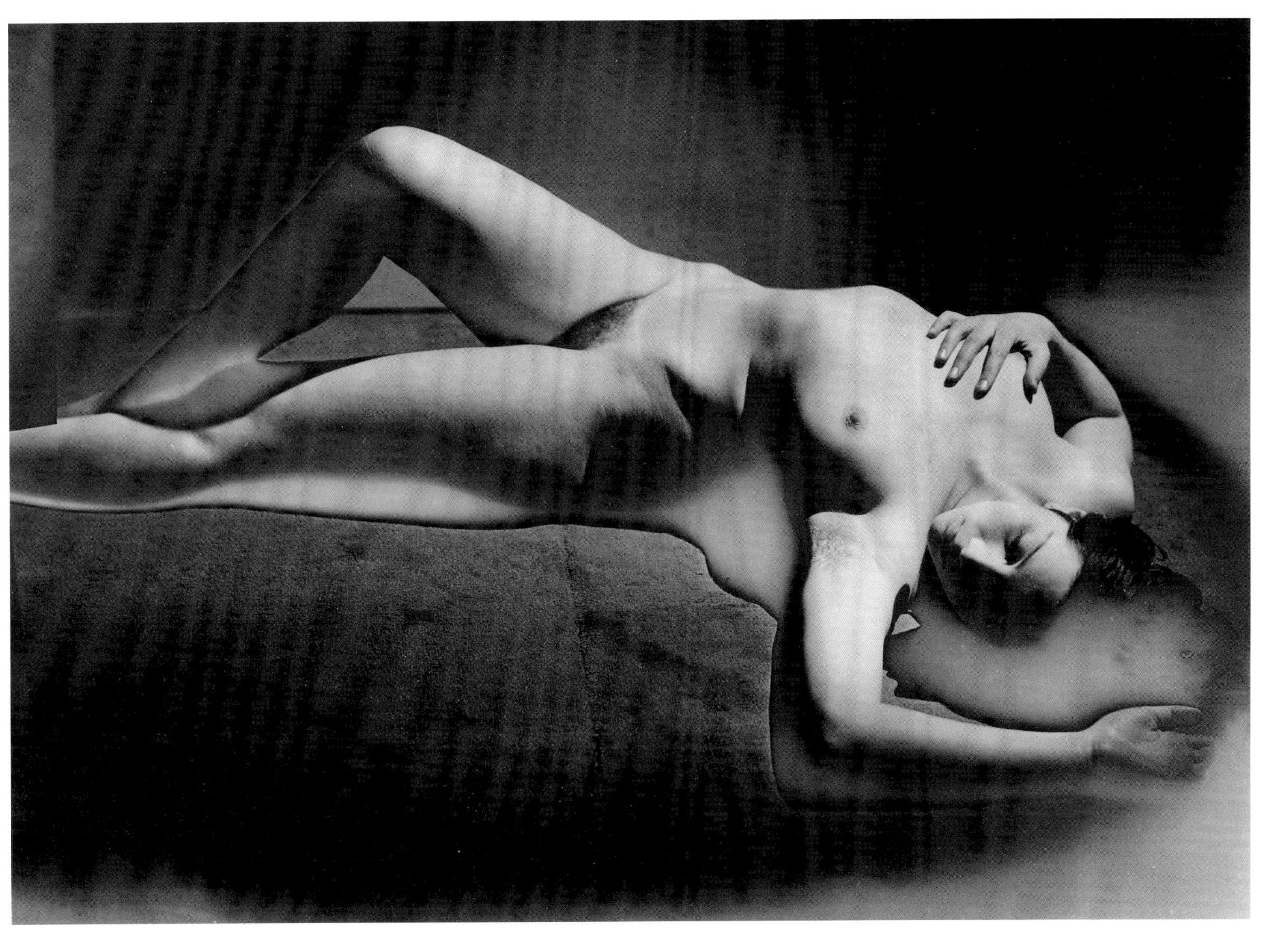

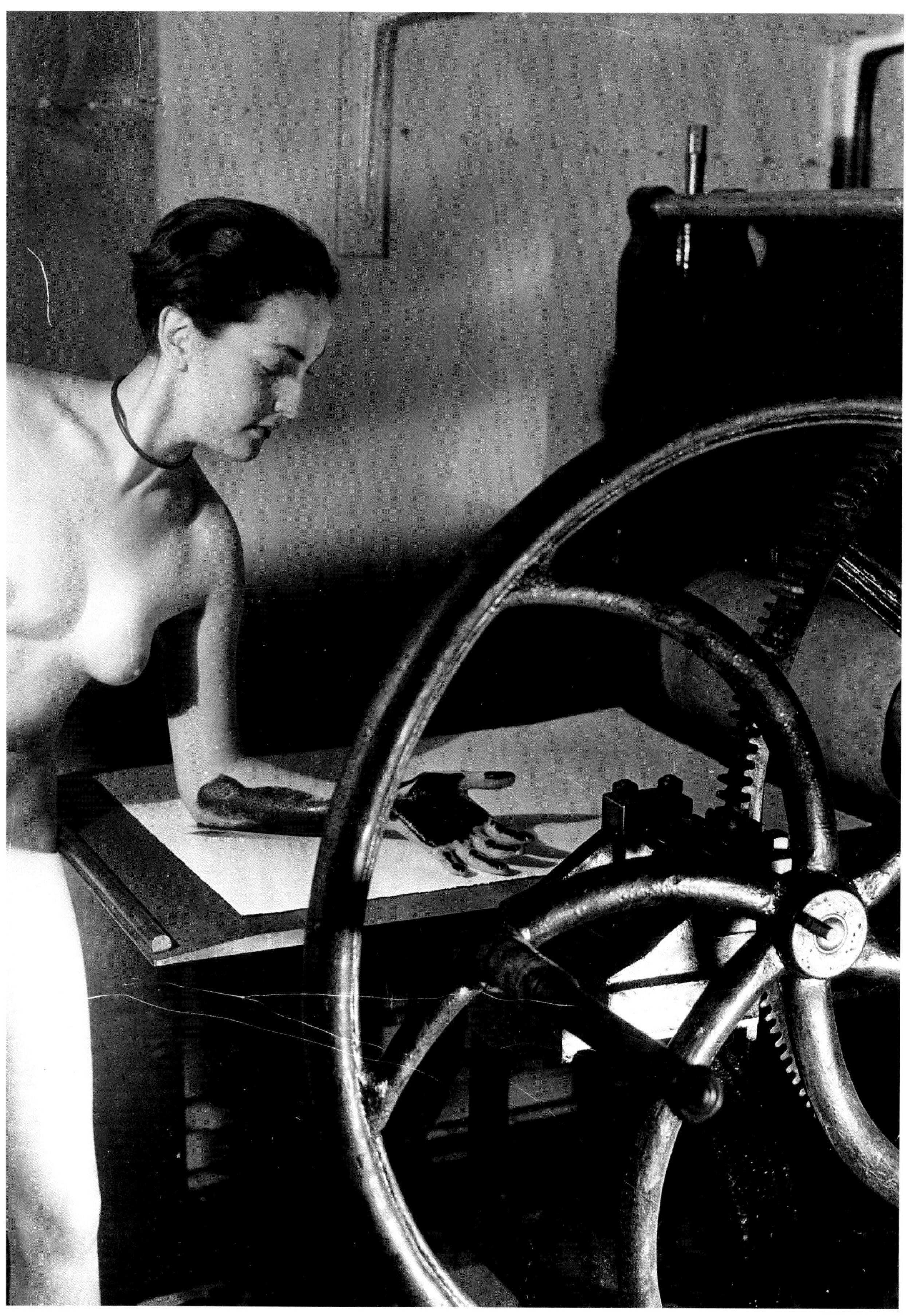

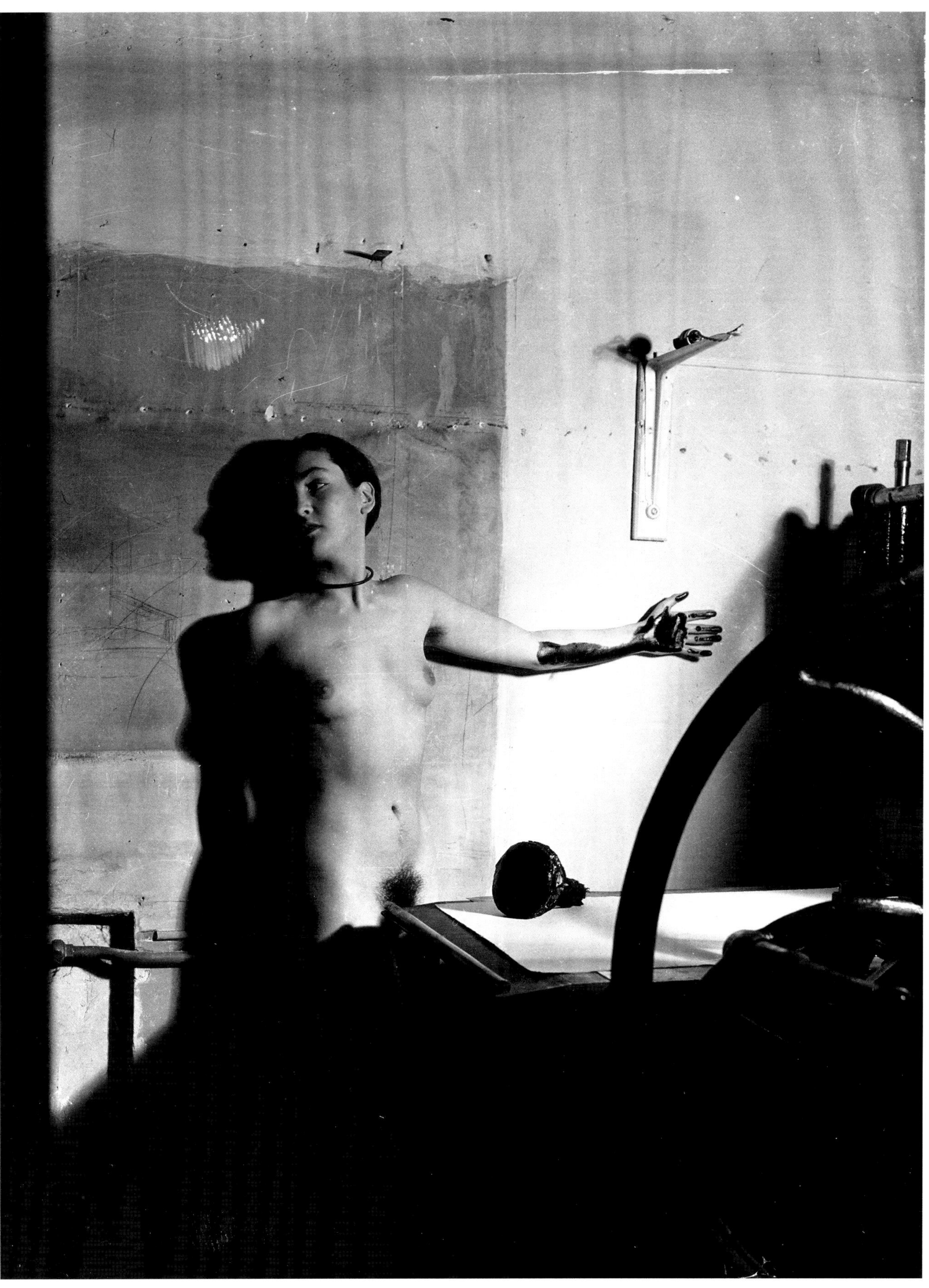

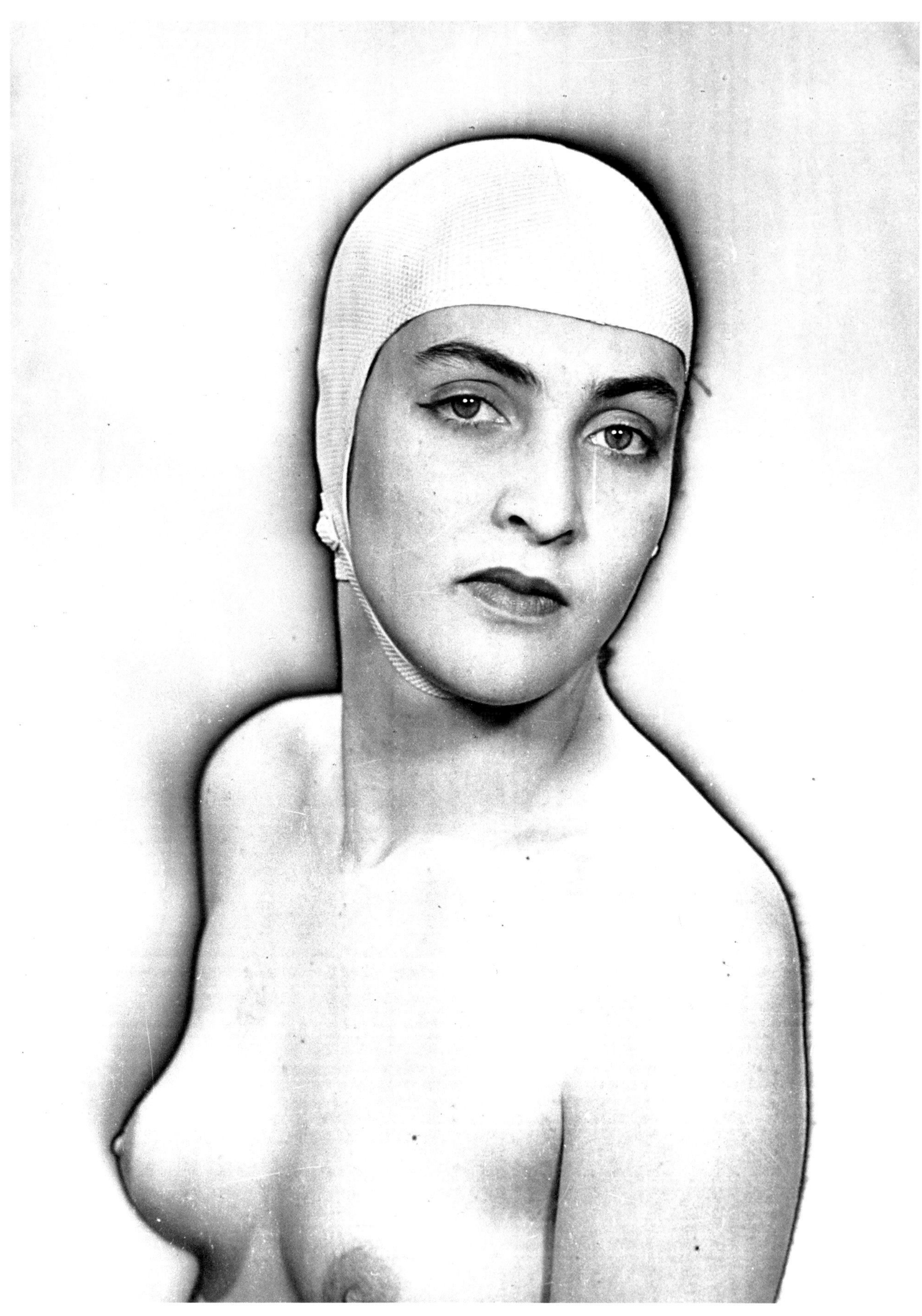

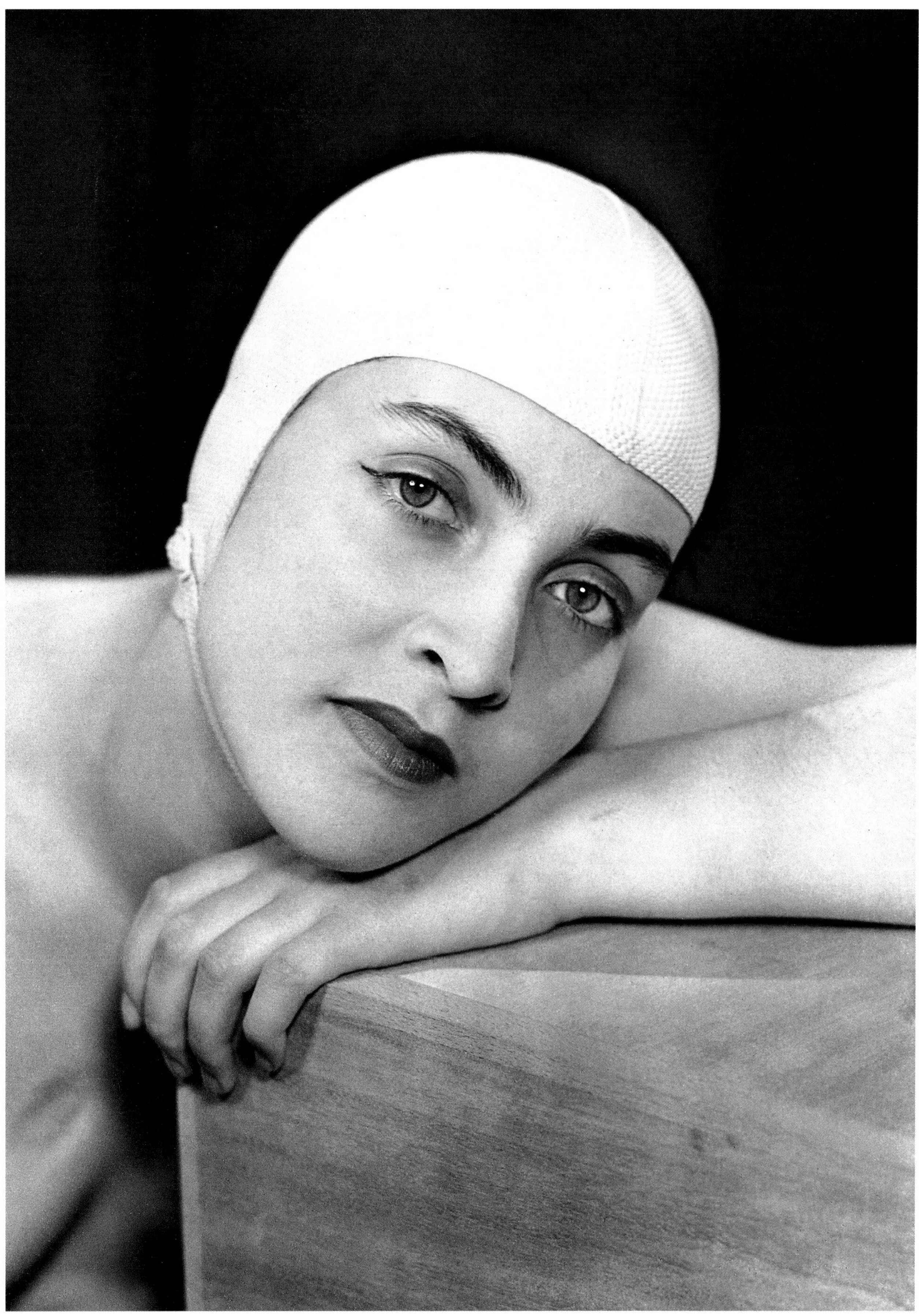

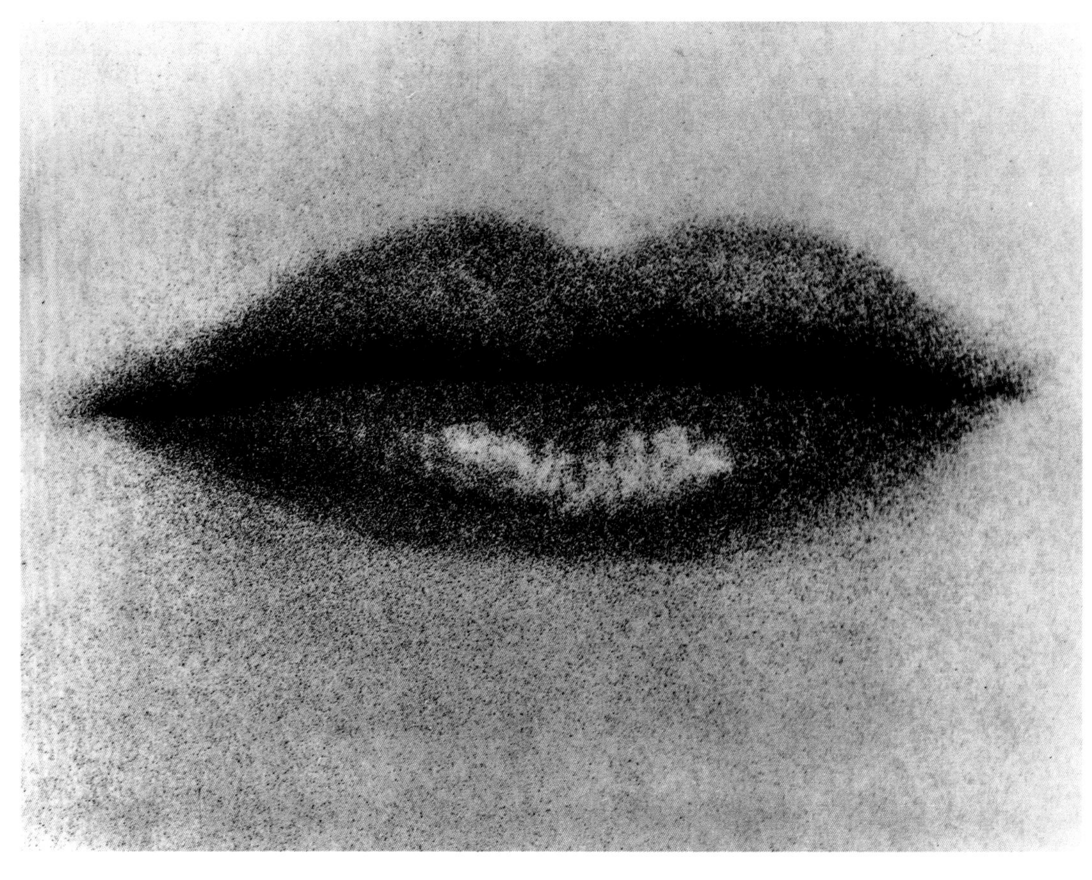

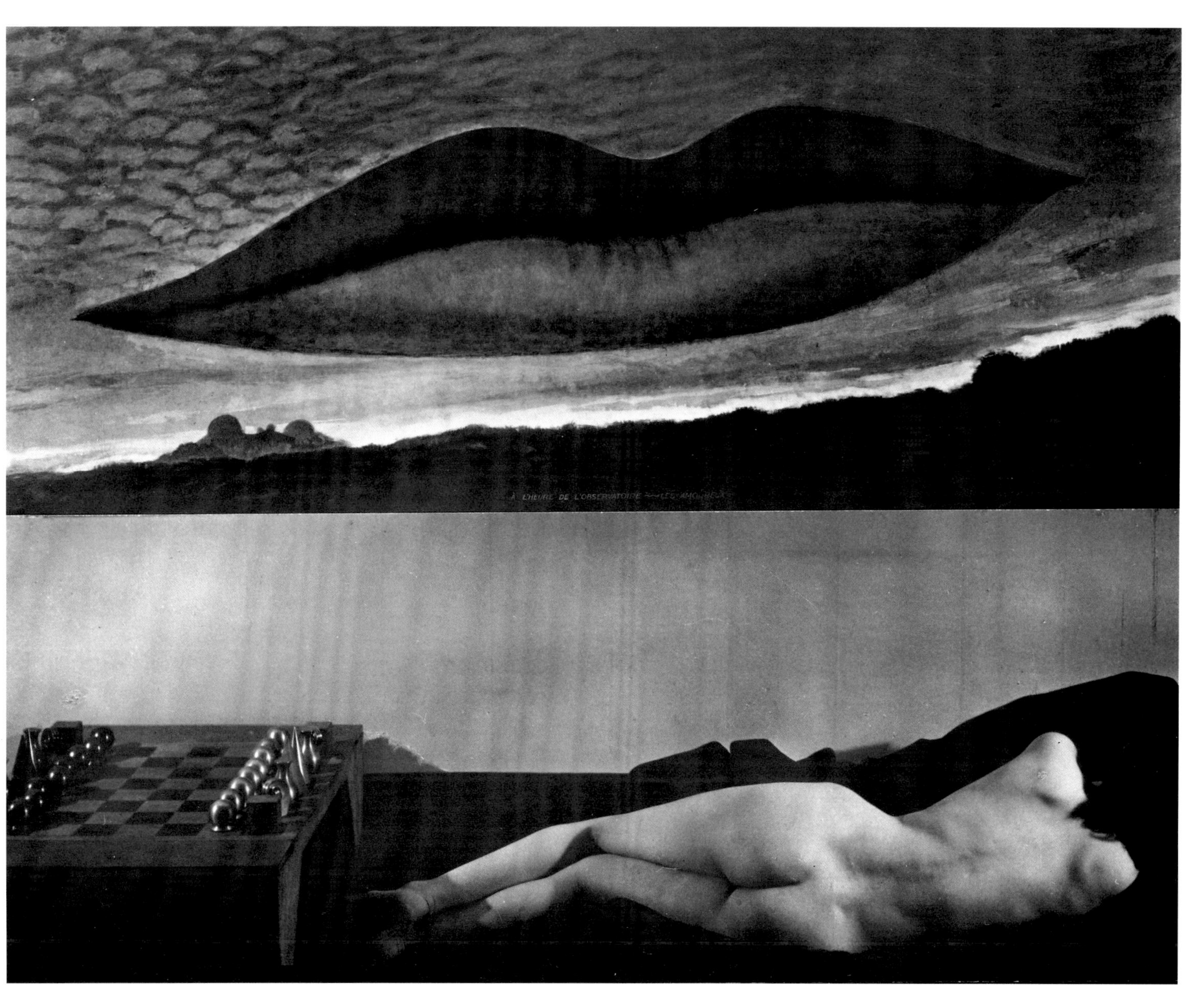

A L'HEURE DE L'OBSERVATOIRE — LES AMOUREUX

»Es ist der Mensch – welches Medium er auch immer benutzt –, der das Kunstwerk
zum Kunstwerk werden läßt.«

»It is the person – regardless of the medium he uses – who makes the work of art into a
work of art.«

«C'est l'homme – quel que soit le médium qu'il utilise – qui donne au chef-d'œuvre
son caractère de chef d'œuvre.»

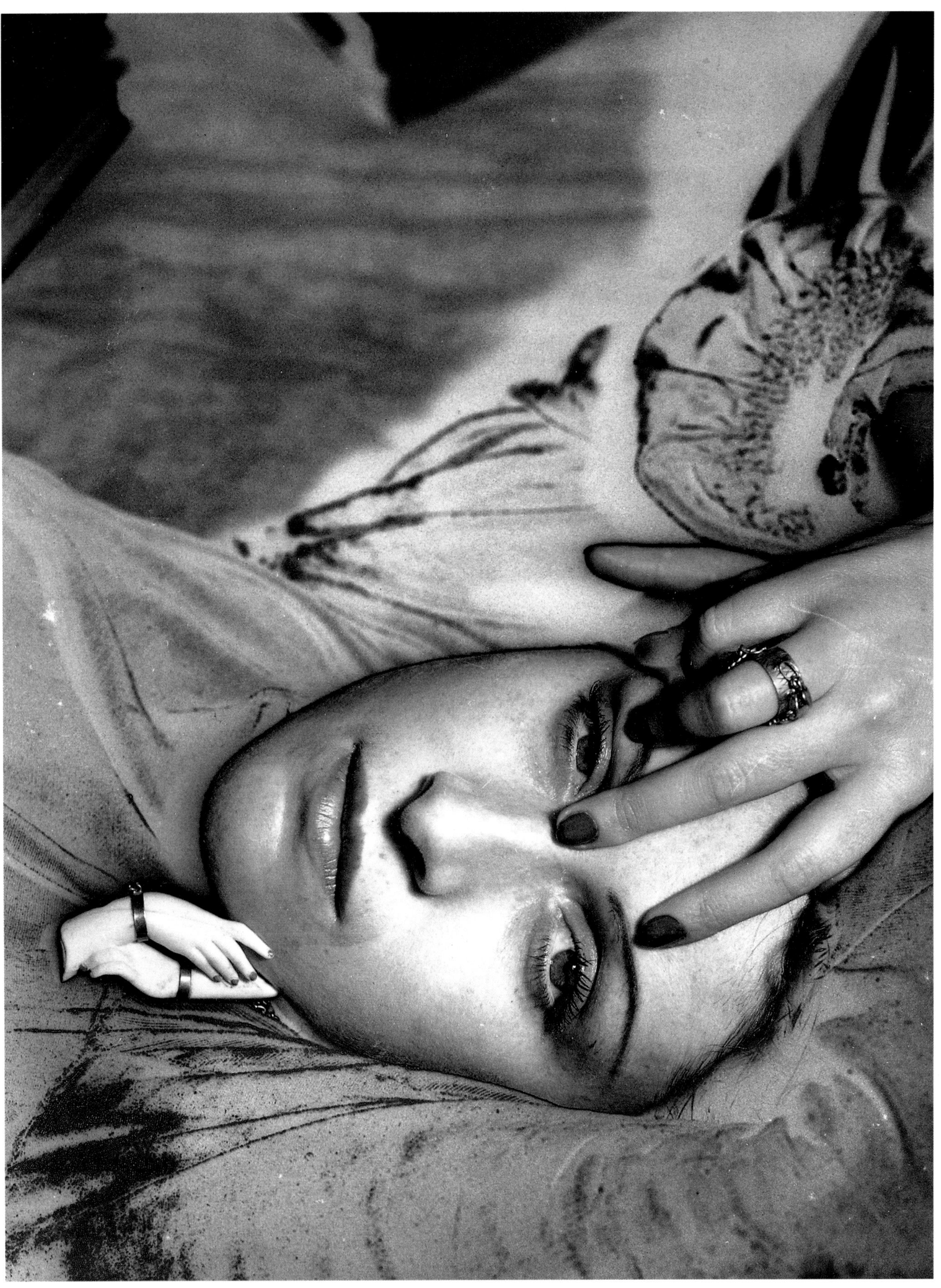

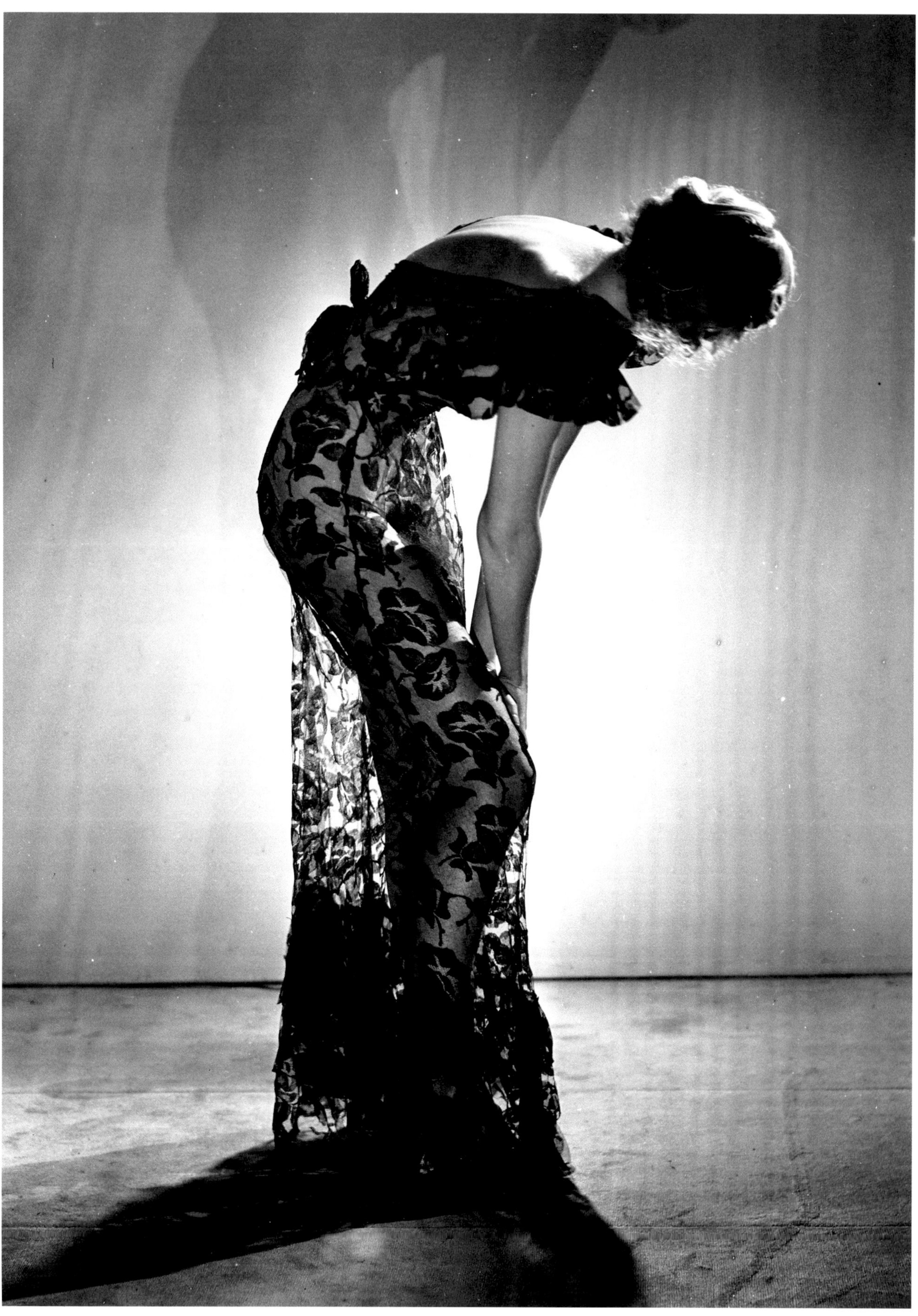

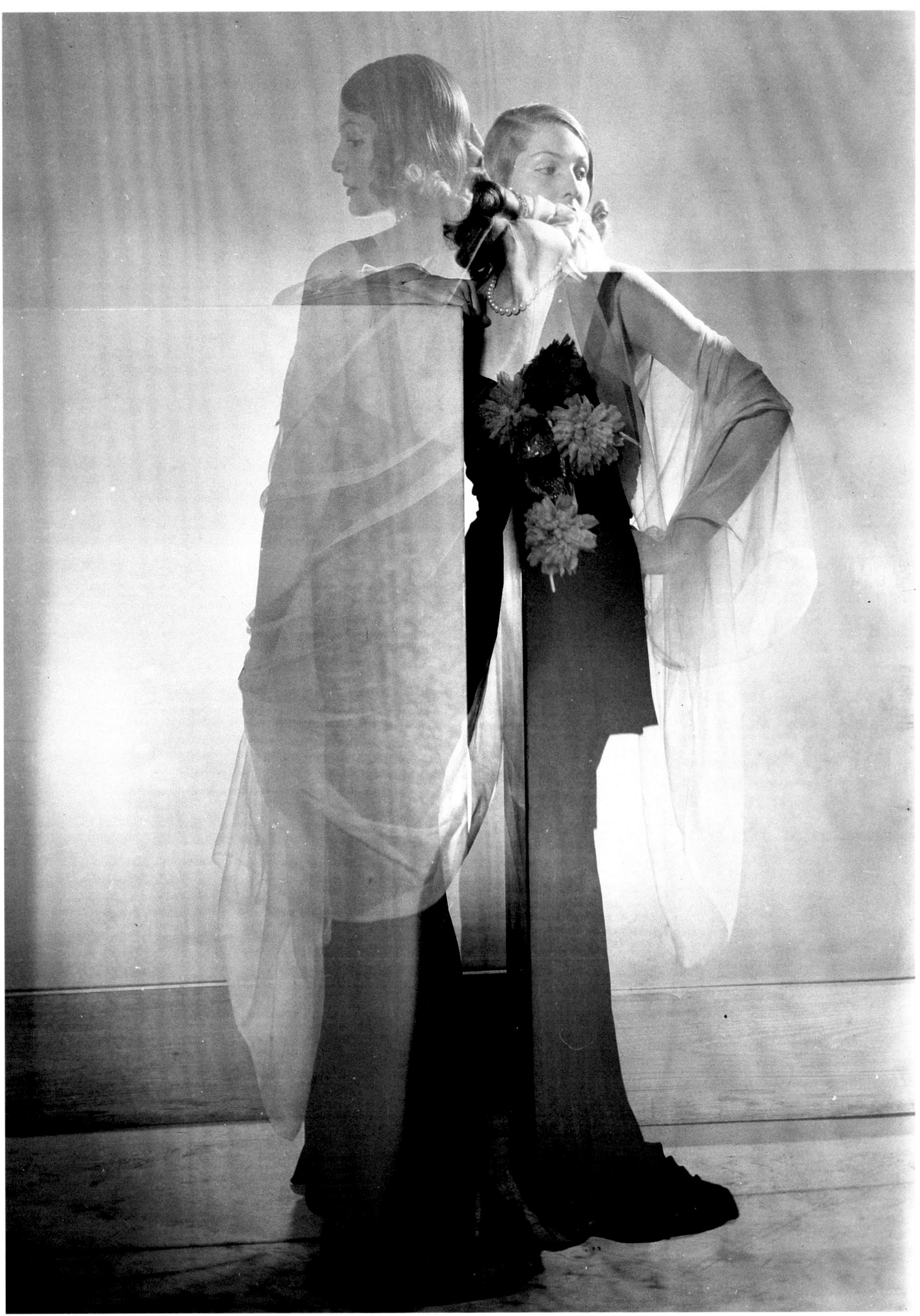

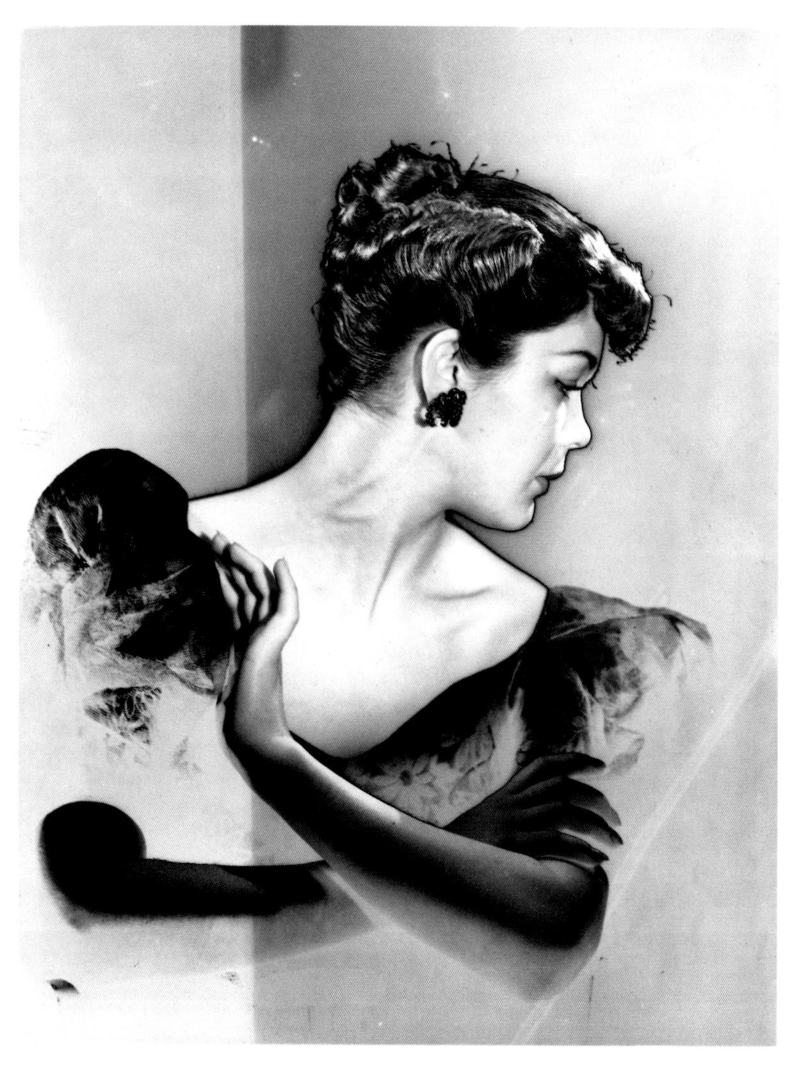

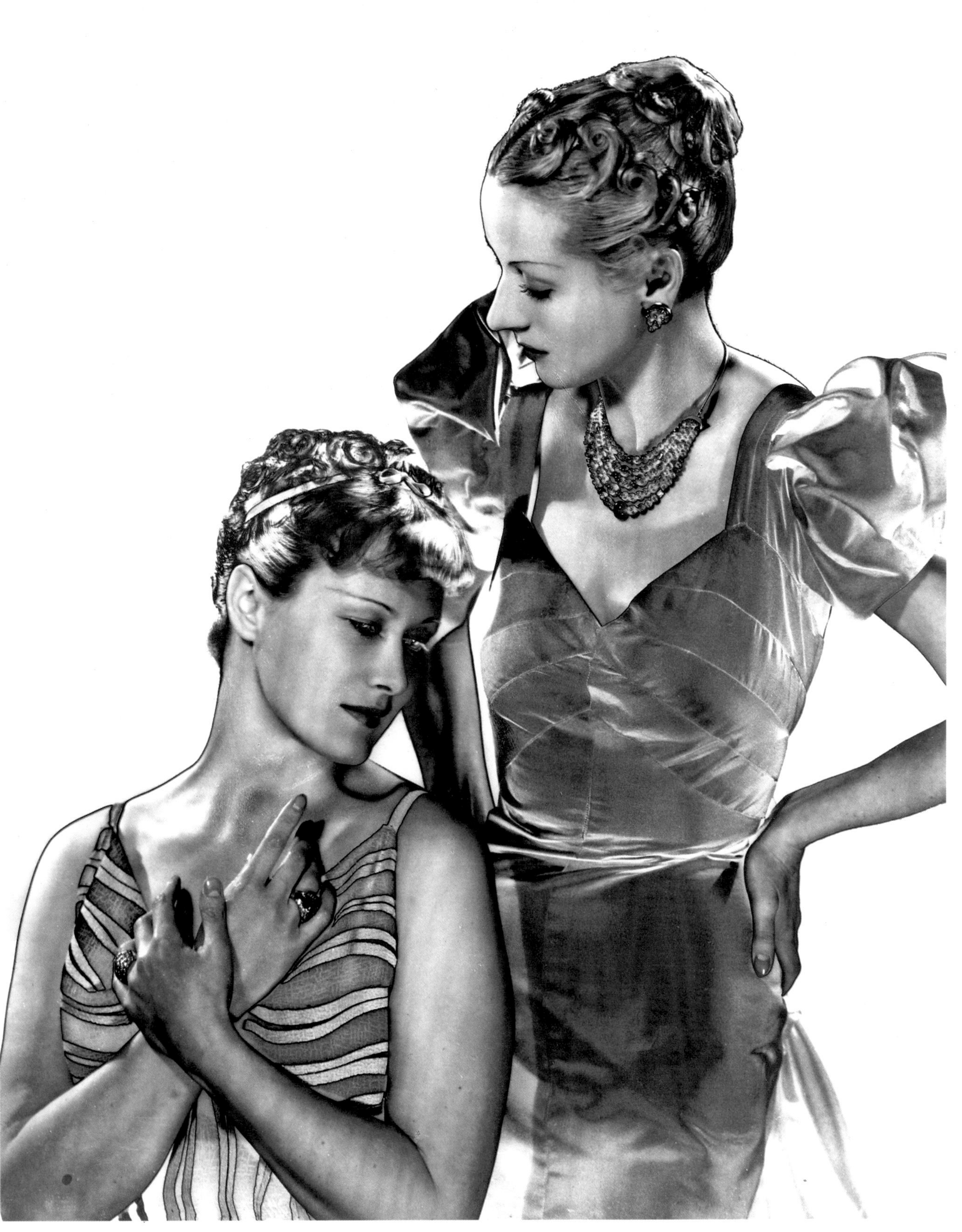

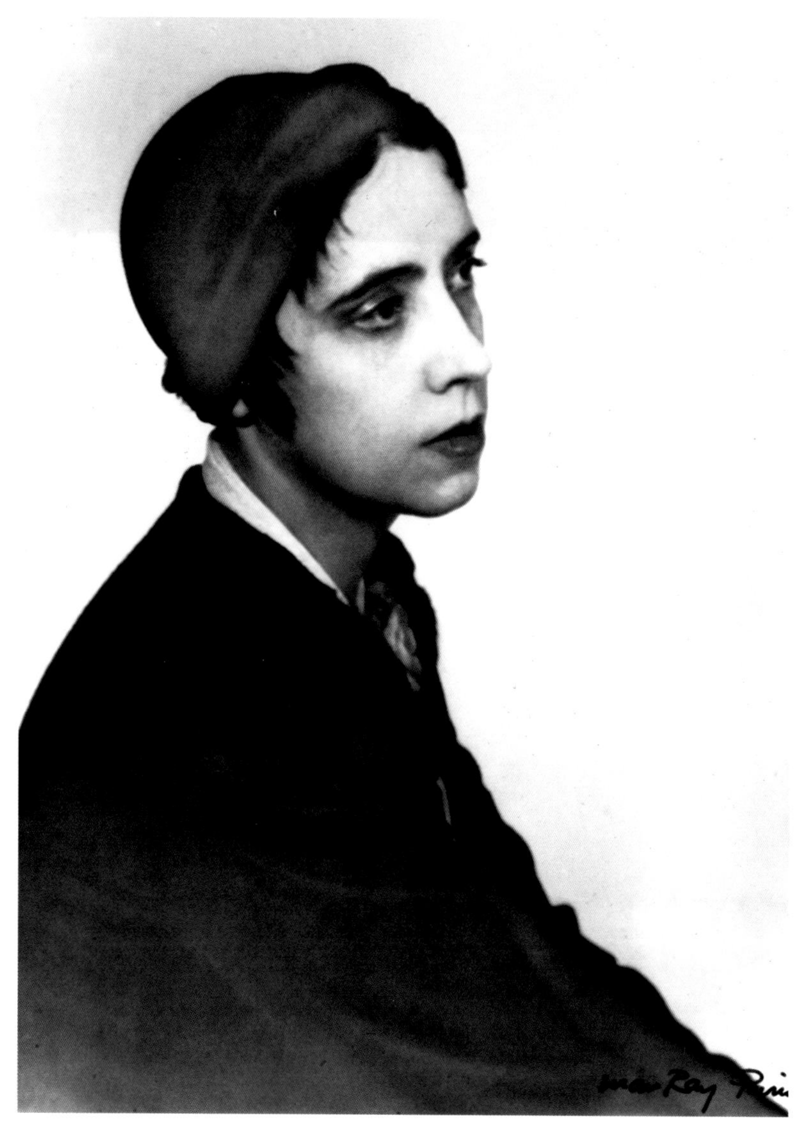

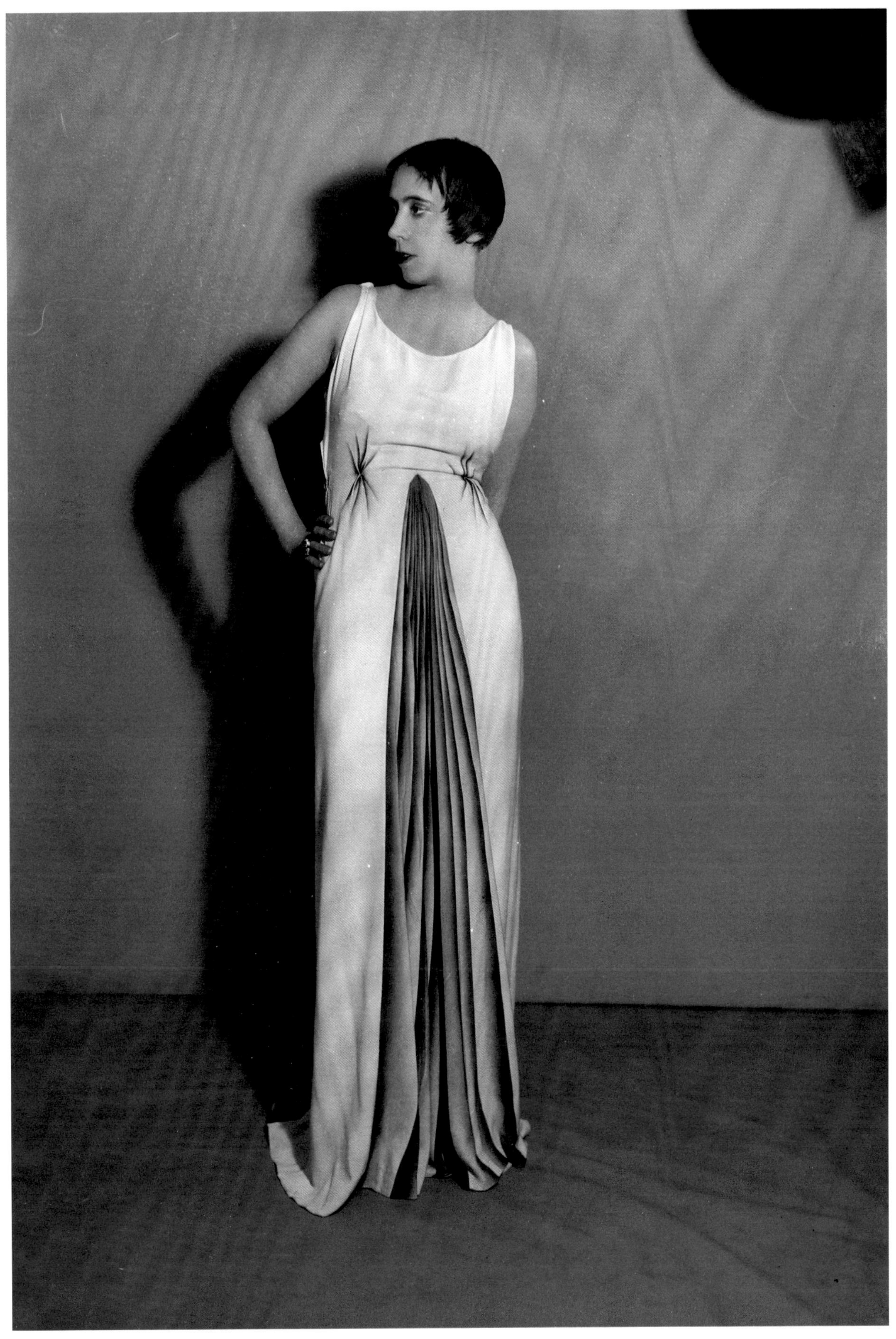

»…ich wollte Kunst und Mode verbinden.«

»…I'd combine art and fashion.«

«…je voulais lier l'art à la mode.»

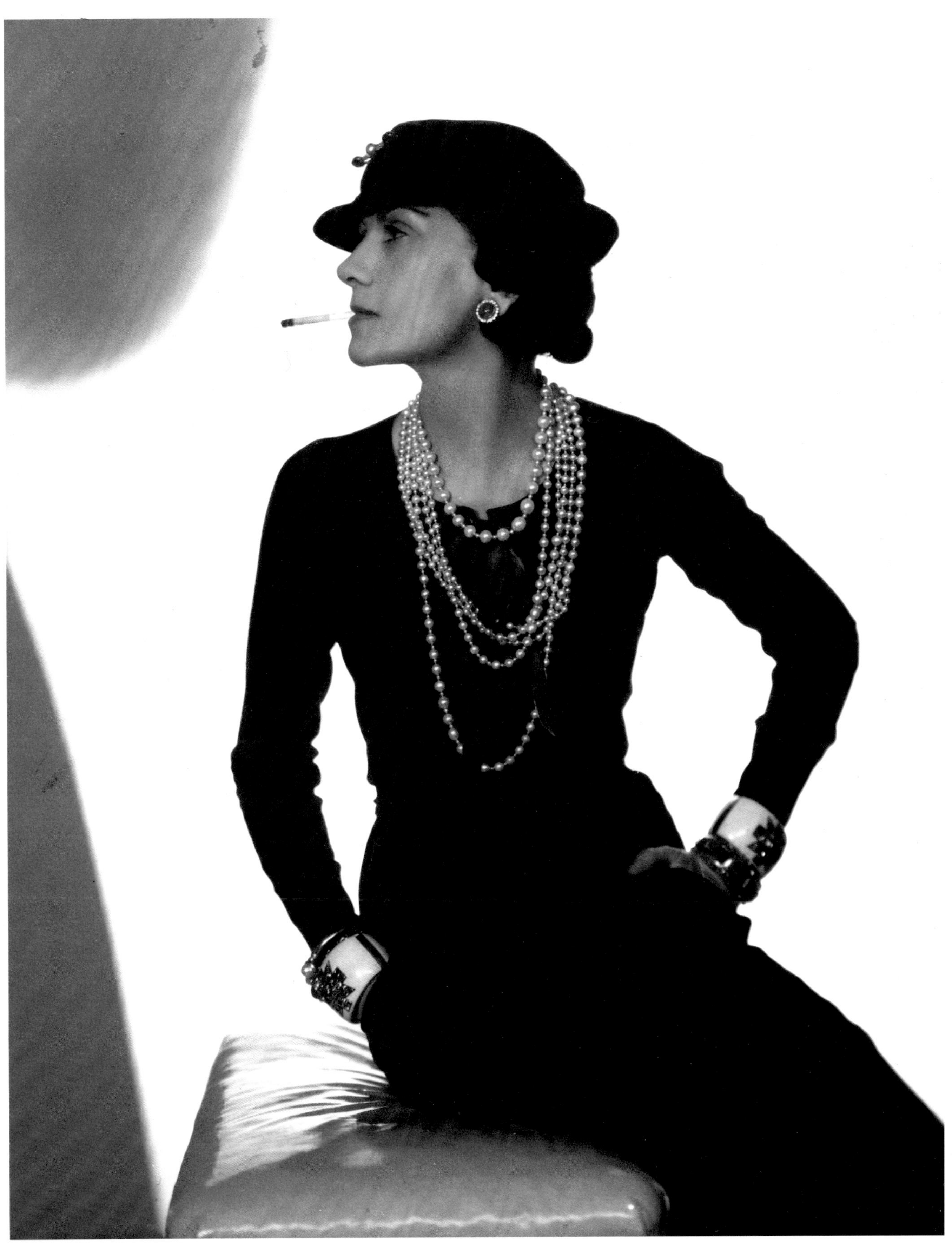

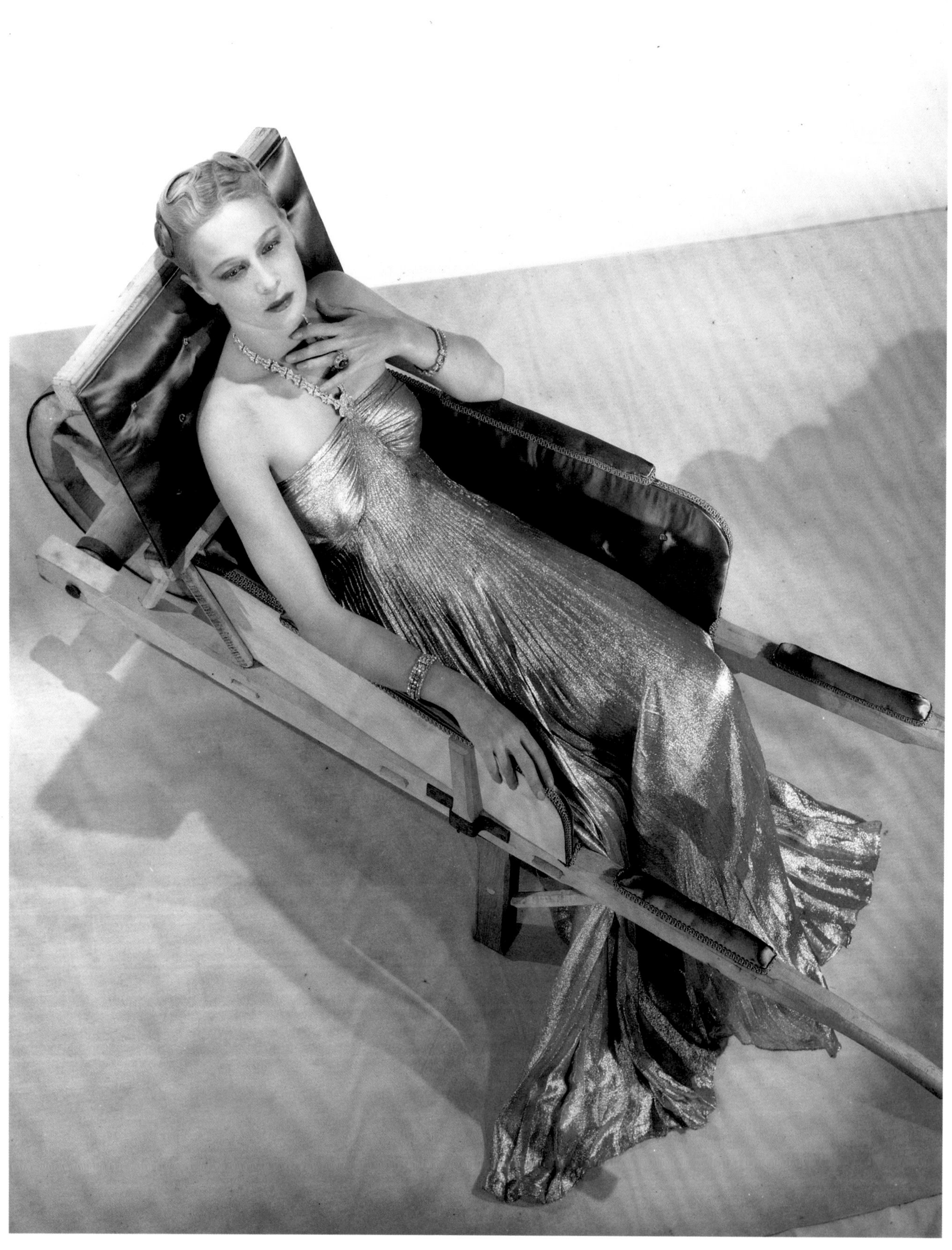

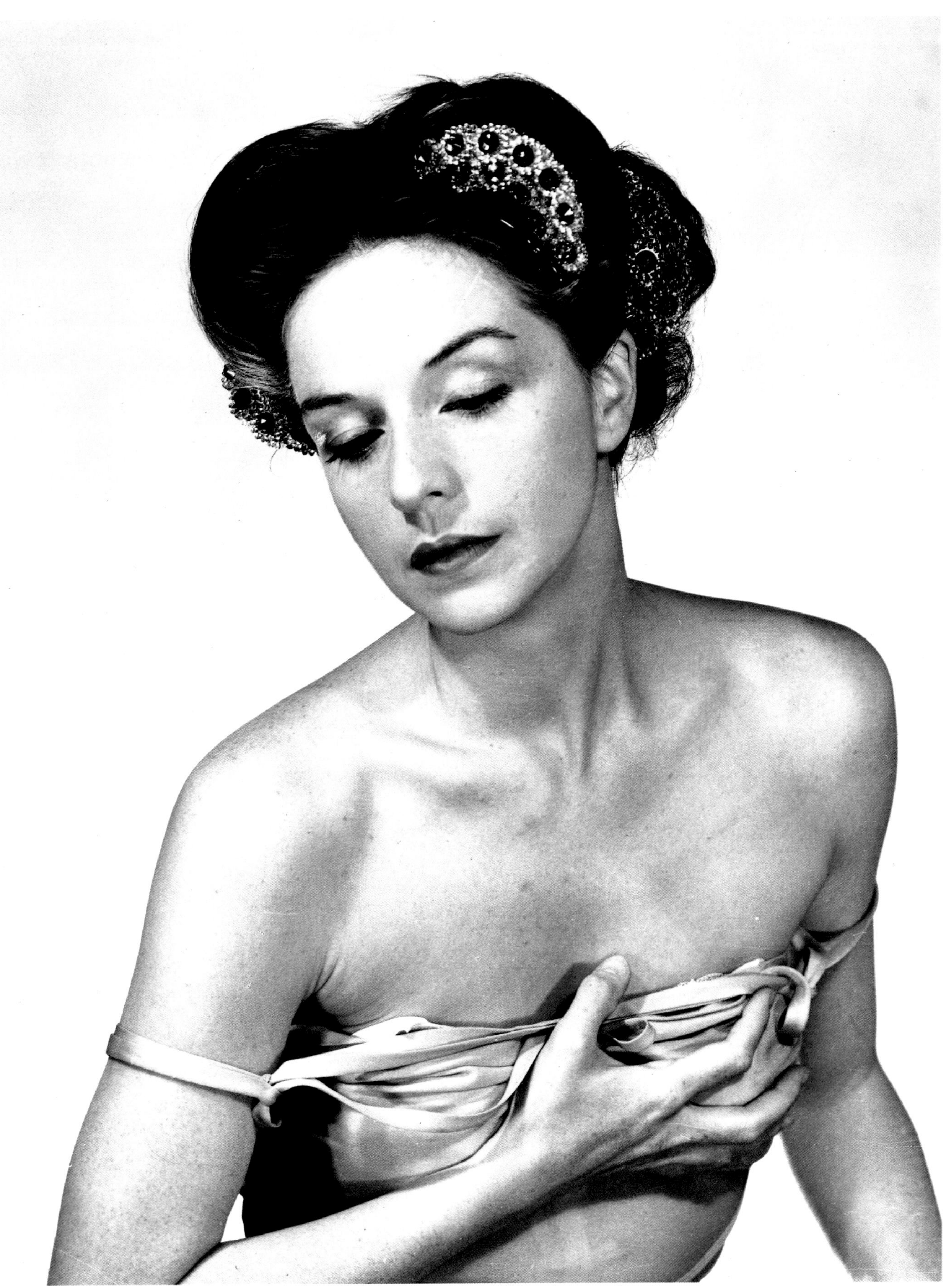

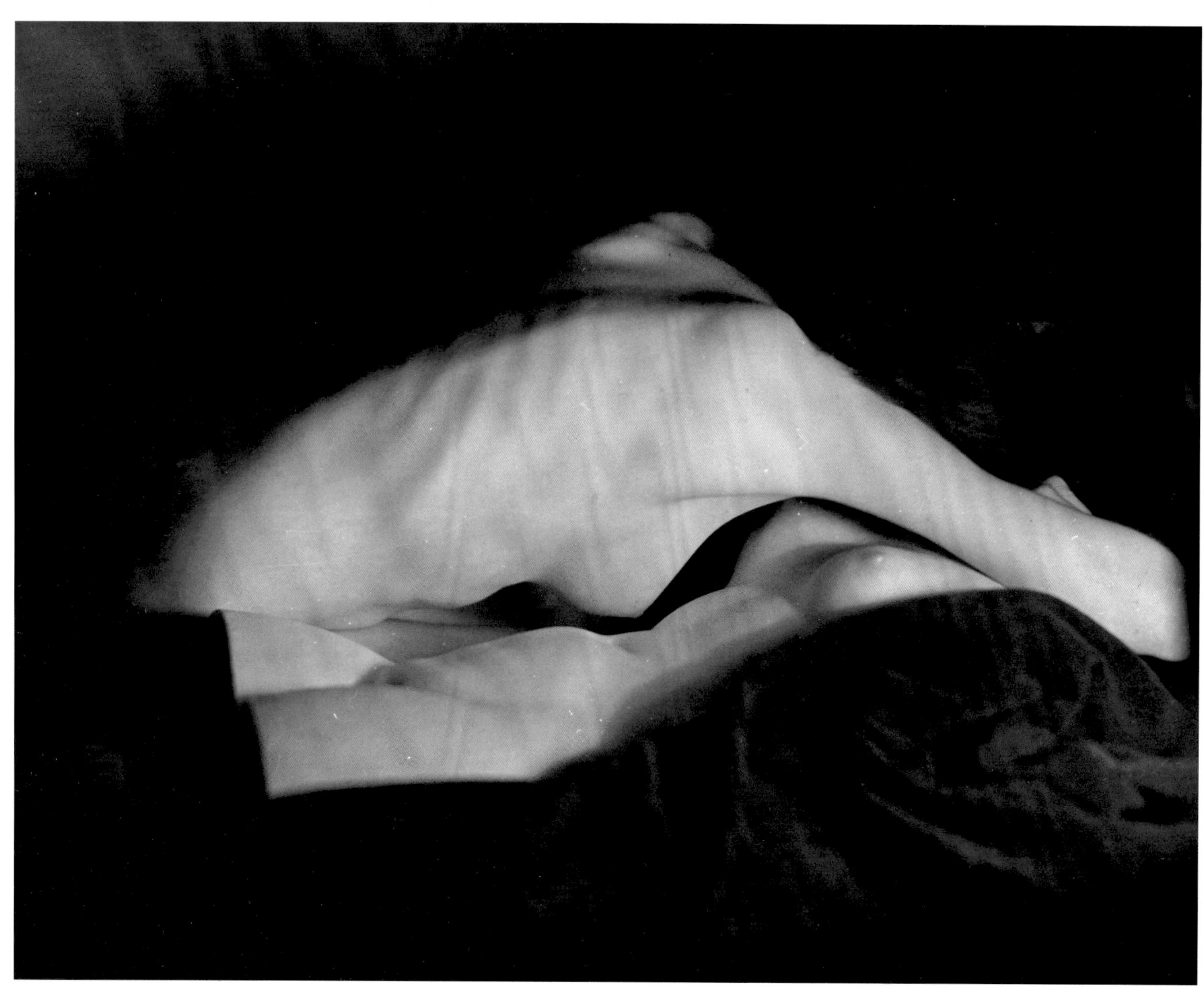

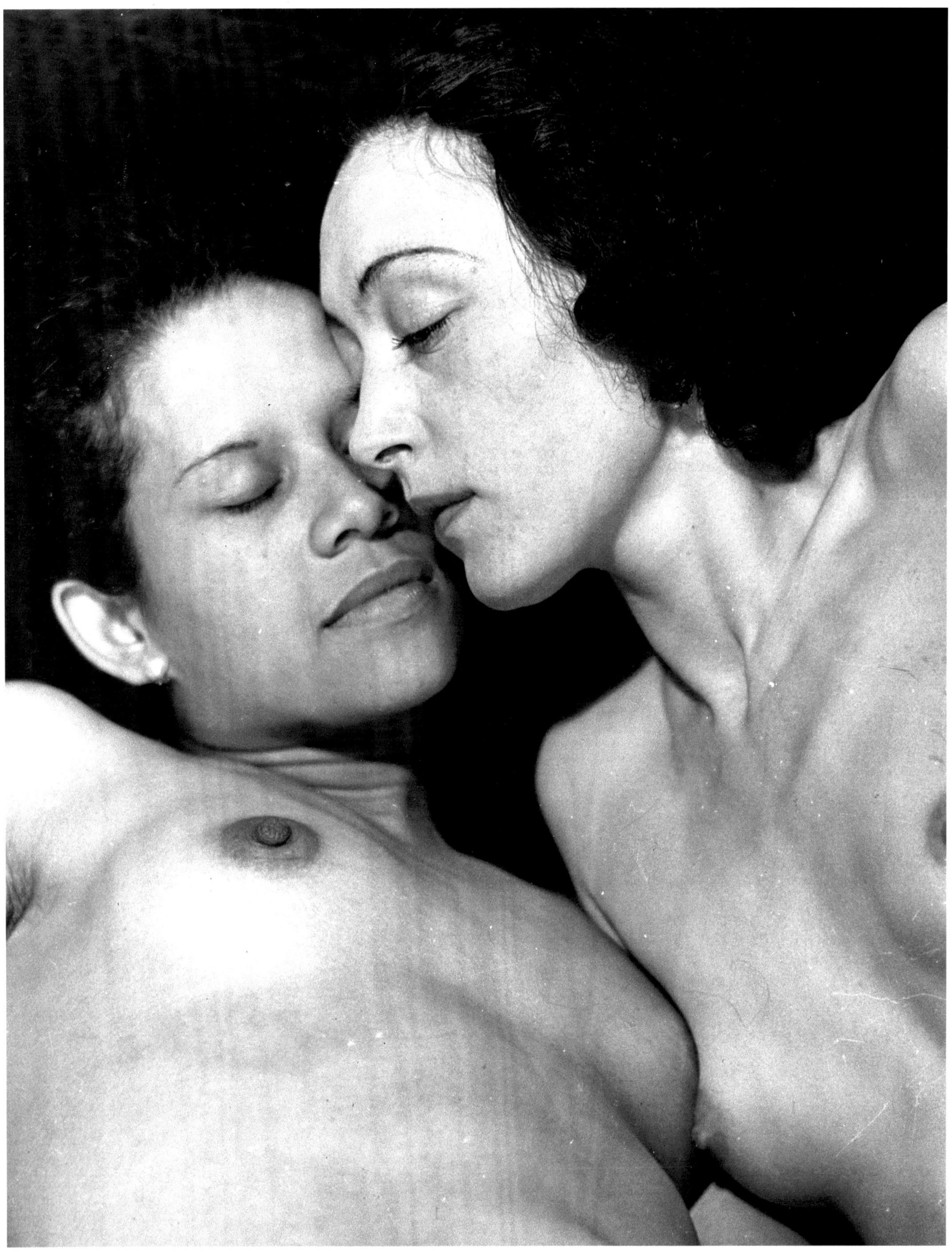

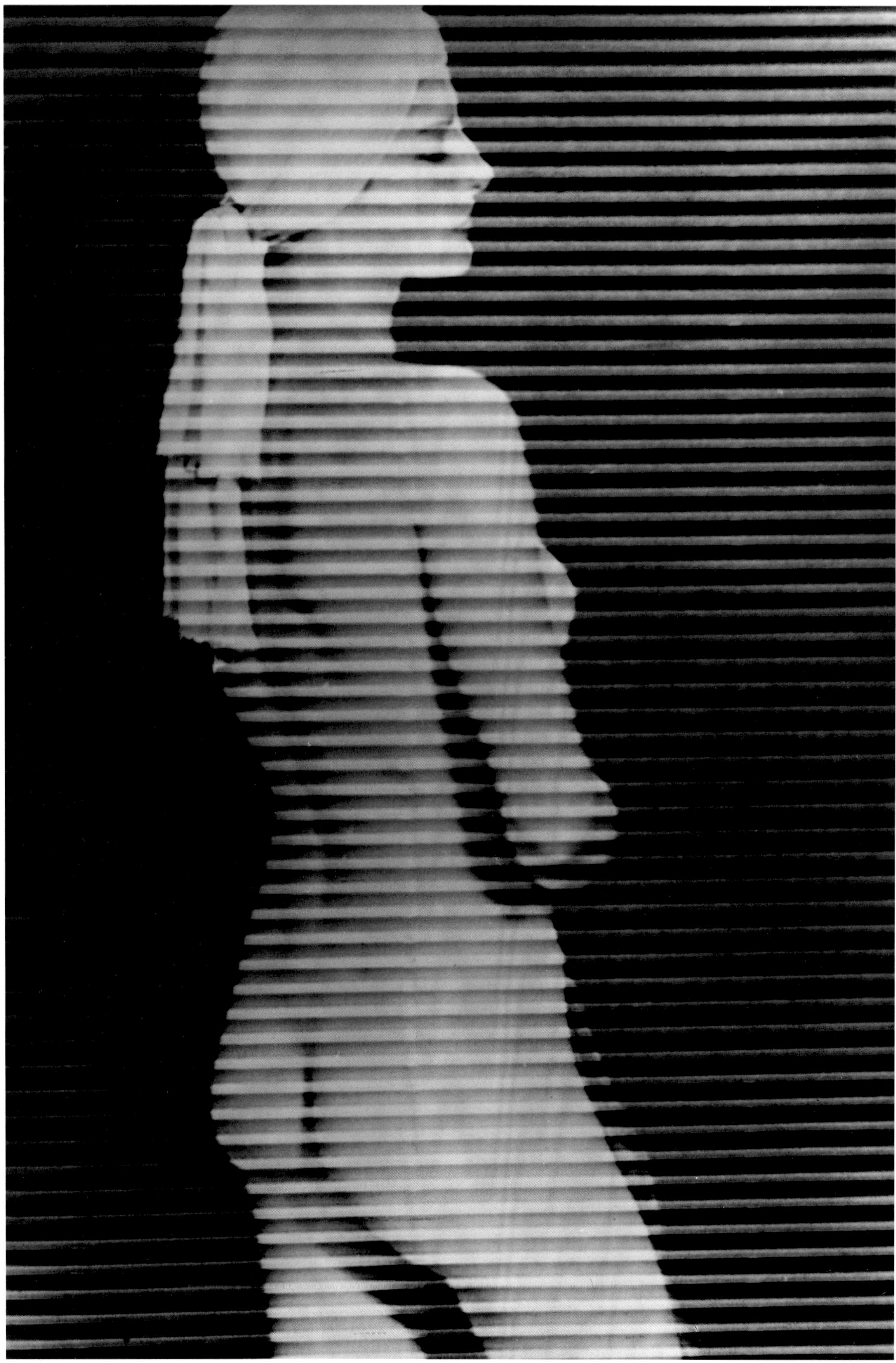

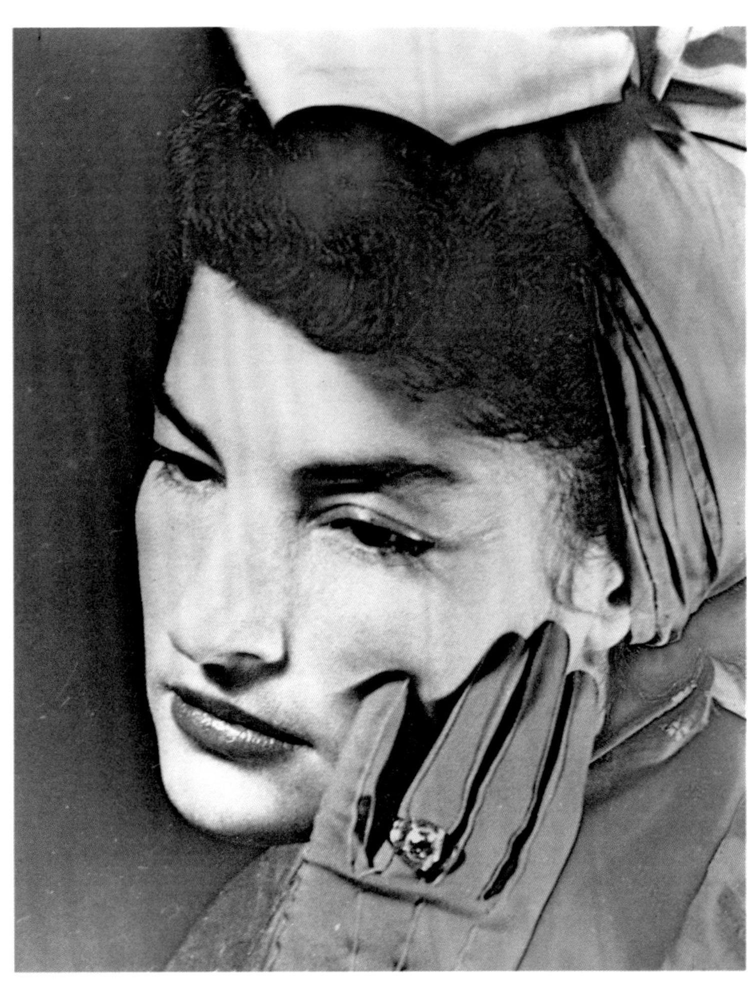

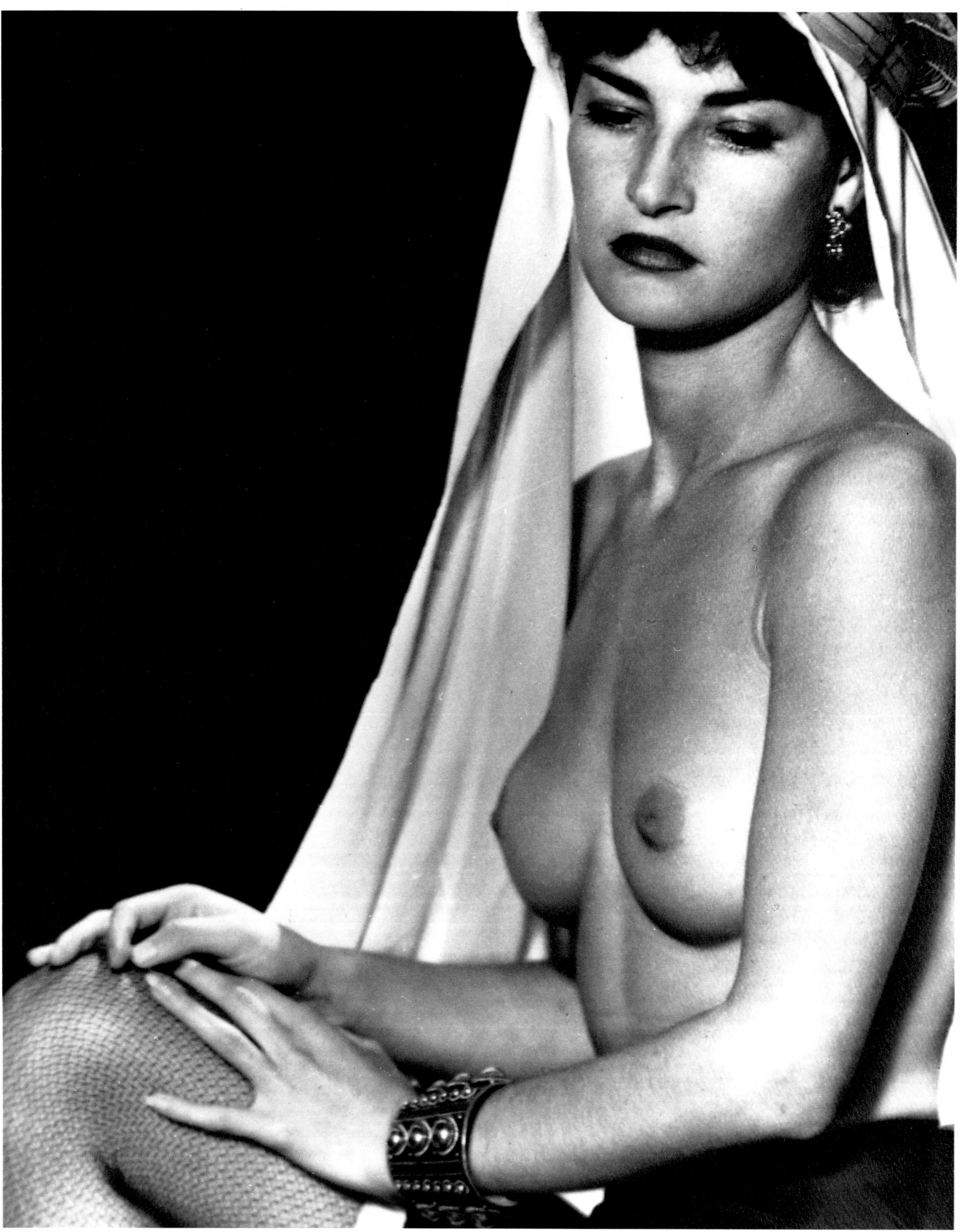

LEGENDEN – CAPTIONS – LÉGENDES

SEITE/PAGE 13:
Kiki de Montparnasse (Alice Prin), 1922

SEITE/PAGE 14:
Kiki de Montparnasse, 1922

SEITE/PAGE 15:
Kiki de Montparnasse, 1922

SEITE/PAGE 16:
Kiki, 1926

SEITE/PAGE 17:
Schwarz und Weiß/Black and White/Noire et Blanche, 1926

SEITE/PAGE 18:
Kiki de Montparnasse, 1926

SEITE/PAGE 19:
Kiki de Montparnasse: »Ballet Mécanique«, 1926

SEITE/PAGE 20:
Ohne Titel/Untitled/Sans Titre, 1927

SEITE/PAGE 21:
Ohne Titel/Untitled/Sans Titre, ca. 1928

SEITE/PAGE 23:
Lee Miller, 1929

SEITE/PAGE 24:
Lee Miller, ca. 1930

SEITE/PAGE 25:
»Rückkehr zur Vernunft« (Torso) »Return to Reason« (Torso) »Retour à la Raison« (Torse), 1923

SEITE/PAGE 26:
Haare/Hair/Les Cheveux, ca. 1929

SEITE/PAGE 27:
Akt/Nude/Nu, ca. 1929

SEITE/PAGE 28:
Hand auf Lippen/Hand on Lips/ Main sur Lèvres, 1929

SEITE/PAGE 29:
Akt/Nude/Nu, 1929

SEITE/PAGE 30:
Schlafendes Modell/Sleeping Model/Modèle Dormant, ca. 1929

SEITE/PAGE 31:
Akt/Nude/Nu, ca. 1929

SEITE/PAGE 32:
Frau mit langen Haaren/Woman with Long Hair/ Femme aux Longs Cheveux, ca. 1929

SEITE/PAGE 33:
Frau mit wehendem Haar/Woman with Flowing Hair/Femme aux Cheveux Fous, ca. 1930

SEITE/PAGE 34:
Reflektionen/Reflections/ Réflexions, 1929

SEITE/PAGE 35:
Tränen/Tears/Larmes, ca. 1930

SEITE/PAGE 37:
Das Gebet/The Prayer/La Prière, 1930

SEITE/PAGE 38:
Hand/Hand/Main, 1931

SEITE/PAGE 39:
Frauenkopf, Hand an der Schläfe/ Woman's Head, Hand on Temple/ Tête de Femme, Main à la Tempe, 1931

SEITE/PAGE 41:
Figur/Figure, ca. 1930

SEITE/PAGE 42:
Akt/Nude/Nu, ca. 1930

SEITE/PAGE 43:
Torso/Torse, ca. 1933

SEITE/PAGE 44:
Ohne Titel/Untitled/Sans Titre, n. d.

SEITE/PAGE 45:
Die Vorherrschaft der Materie über den Geist/The Primacy of Matter over Thought/Primat de la Matière sur la Pensée, 1929

SEITE/PAGE 46:
»Erotique Voilée« (Meret Oppenheim), 1933

SEITE/PAGE 47:
»Erotique Voilée« (Meret Oppenheim), 1933

SEITE/PAGE 48:
Meret Oppenheim, ca. 1933

SEITE/PAGE 49:
Meret Oppenheim, ca. 1933

SEITE/PAGE 50:
Kikis Lippen/Kiki's Lips/Lèvres de Kiki, 1929

SEITE/PAGE 51:
Ohne Titel/Untitled/Sans Titre, 1936

SEITE/PAGE 53:
Dora Maar, 1936

SEITE/PAGE 54:
Modephoto/Fashion Photograph/ Photo de Mode, ca. 1930

SEITE/PAGE 55:
Modephoto/Fashion Photograph/ Photo de Mode, ca. 1930

SEITE/PAGE 56:
Modephoto/Fashion Photograph/ Photo de Mode, n. d.

SEITE/PAGE 57:
Modephoto/Fashion Photograph/ Photo de Mode, ca. 1930

SEITE/PAGE 58:
Elsa Schiaparelli, ca. 1934

SEITE/PAGE 59:
Elsa Schiaparelli, ca. 1934

SEITE/PAGE 61:
Coco Chanel, 1935/36

SEITE/PAGE 62:
Modephoto/Fashion Photograph/ Photo de Mode, 1937

SEITE/PAGE 63:
Modephoto/Fashion Photograph/ Photo de Mode, n. d.

SEITE/PAGE 64:
Ohne Titel/Untitled/Sans Titre, ca. 1936

SEITE/PAGE 65:
Nusch Eluard, Ady, 1937

SEITE/PAGE 66:
Juliet, ca. 1945

SEITE/PAGE 67:
Juliet, ca. 1945

SEITE/PAGE 68:
Juliet, ca. 1945

BIOGRAPHIE

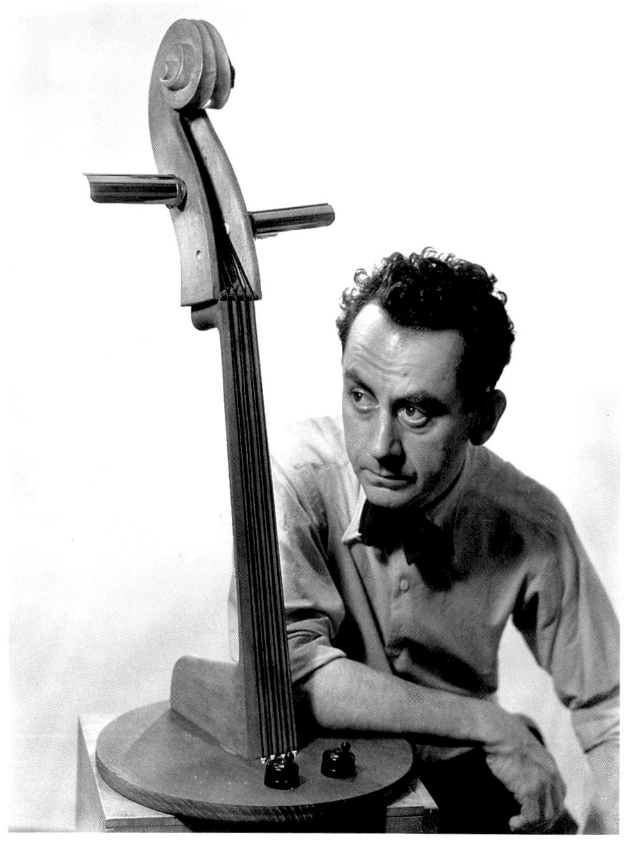

Man Ray: Selbstbildnis, 1934

1890 Geburt am 27. August in Philadelphia (Pennsylvania) als Kind russisch-jüdischer Eltern.

1897 Die Familie zieht nach New York (Brooklyn).

1904–1909 Eintritt in die High School.

1909–1912 Studium an der Kunstakademie des Francisco Social Center, New York.

1910–1911 Teilnahme an Zeichen- und Aquarellkursen des Ferrer Center in New York.

1913 Er zieht mit dem Dichter Alfred Kreymborg nach Ridgefield in New Jersey und versucht, eine Künstlergemeinschaft zu gründen. Besuch der »Armony Show«, starke Eindrücke durch die europäischen Maler der Avantgarde. Sein erstes kubistisches Bild entsteht, ein Porträt von Alfred Stieglitz. Bis 1919 arbeitet er halbtags in einem Verlag, der Karten und Atlanten herstellt. Heirat mit Adon Lacroix (Donna Lecœur). Er nennt sich von nun an Man Ray.

1915 Er gründet die Zeitschrift »The Ridgefield Gazook«, die erste amerikanische Dada-Veröffentlichung. Veröffentlichung von »A Book of Diverse Writings« mit Texten von Donna und Illustrationen von Man Ray. Erstes Zusammentreffen mit Marcel Duchamp. Rückkehr nach New York. Erste Einzelausstellung in der Daniel Gallery in New York.

1916 Ernsthafte Beschäftigung mit der Photographie. Er gründet mit Marcel Duchamp und Walter Arensberg die »Society of Independent Artists«. Mit Duchamp und anderen gibt er die Zeitschriften »The Blind Man« und »Rongwrong« heraus.

1917 Erste Aerographien, mit der Spritzpistole gemalte Bilder, entstehen, u. a. »The Rope Dancer Accompanies Herself with Her Shadows« (1919).

1919 Trennung von Donna. Herausgabe der einzigen Nummer »TNT« mit Henry S. Reynolds und Adolf Wolff.

1920 Photographische und filmische Experimente mit Duchamp. Gründung der »Société Anonyme Inc.« zusammen mit Katherine Dreier, Marcel Duchamp, Henry Hudson und Andrew McLaren.

1921 Veröffentlichung der einzigen Nummer von »New York Dada« mit Duchamp. Am 14. Juli trifft er mit Duchamp in Paris ein, wo er Jean Cocteau kennenlernt, der ihn in seinen großen Bekanntenkreis einführt. Es findet die erste wichtige Ausstellung in Paris in der »Librairie Six« statt. Er lernt Kiki de Montparnasse kennen, mit der er bis 1929 zusammenlebt.

1922   Beschäftigung mit der Aktphotographie, zahlreiche Aufnahmen von seiner Freundin Kiki. Es entstehen Titelphotos für verschiedene Zeitschriften, Modephotos für Paul Poiret und Porträtphotographien. Veröffentlichung von »Les champs délicieux« mit 12 Rayographien und einem Vorwort von Tristan Tzara.

1923   Sein erster Film »Le retour à la raison« wird aufgeführt. Er stellt Berenice Abbott bis 1926 als Assistentin ein.

1924   Mitarbeit an der Zeitschrift »La Revolution Surréaliste«. Die erste Monographie »Man Ray«, von Georges Ribemont-Dessaignes geschrieben, erscheint.

1925   Beteiligung an der ersten surrealistischen Ausstellung in der Galerie Pierre, Paris. Ist in der Folge eng mit den Surrealisten verbunden.

1926   Einzelausstellung in der Galerie Surréaliste. Dreharbeiten zu »Emak Bakia«.

1927–1939   Porträts, Akte und Kurzfilme; zahlreiche Ausstellungen in Frankreich und Amerika.

1928   Filmpremiere von »L'étoile de mer« in Paris.

1929   Filmpremiere von »Les mystères du Château de Dès«. Lee Miller wird bis 1932 seine Assistentin.

1930   Mitarbeit an der Zeitschrift »Le Surréalisme au Service de la Révolution«. Erste Solarisationen.

1932   Teilnahme an der Internationalen Surrealistenausstellung in New York in der Julien Levy Gallery mit Dalí, Ernst, Picasso und Pierre Roy.

1934   Veröffentlichung von »Facile«, Photographien zu Gedichten von Paul Eluard. James Thrall Soby publiziert ein Album mit Photos und Rayographien.

1936   Teilnahme an der Internationalen Surrealistenausstellung in der New Burlington Gallery in London. Aufenthalt in New York. Ausstellungsbeteiligung »Fantastic Art, Dada and Surrealism« im Museum of Modern Art, New York.

1937   Veröffentlichung von »Mains libres«, Zeichnungen zu Gedichten von Paul Eluard. Publikationen von »La photographie n'est pas l'art«.

1940   Kurz vor der Besetzung von Paris durch die Deutschen flieht er nach Amerika, wo er sich in Hollywood niederläßt. In den folgenden Jahren Ausstellungen in Los Angeles, San Francisco, Santa Barbara, Pasadena, New York.

1946   Doppelhochzeit in Beverly Hills: Man Ray heiratet Juliet Browner in einer gemeinsamen Zeremonie mit Max Ernst, der Dorothea Tanning heiratet.

1951   Rückkehr nach Paris mit Juliet.

1960   Einzelausstellung auf der Photokina, Köln.

1961   Auszeichnung mit der Goldmedaille für Photographie auf der Biennale, Venedig. Er entschließt sich, die Photographie zugunsten der Malerei aufzugeben.

1963   Publikation seiner Autobiographie in London mit dem Titel »Self Portrait«.

1966   Erste große Retrospektive im Los Angeles County Museum of Art.

1971   Eine Retrospektive in der Galleria Schwarz in Mailand vereinigt 225 Werke.

1971–72   Eine weitere Retrospektive wird im Museum Boymans-Van Beuningen, Rotterdam, im Louisiana Museum, Humblebæk, Dänemark, und im Musée National d'Art Moderne in Paris gezeigt.

1974   Andy Warhol widmet Man Ray ein Porträt sowie eine Reihe von Bildern und Serigraphien.

1976   Man Ray stirbt am 18. November in Paris.

BIOGRAPHY

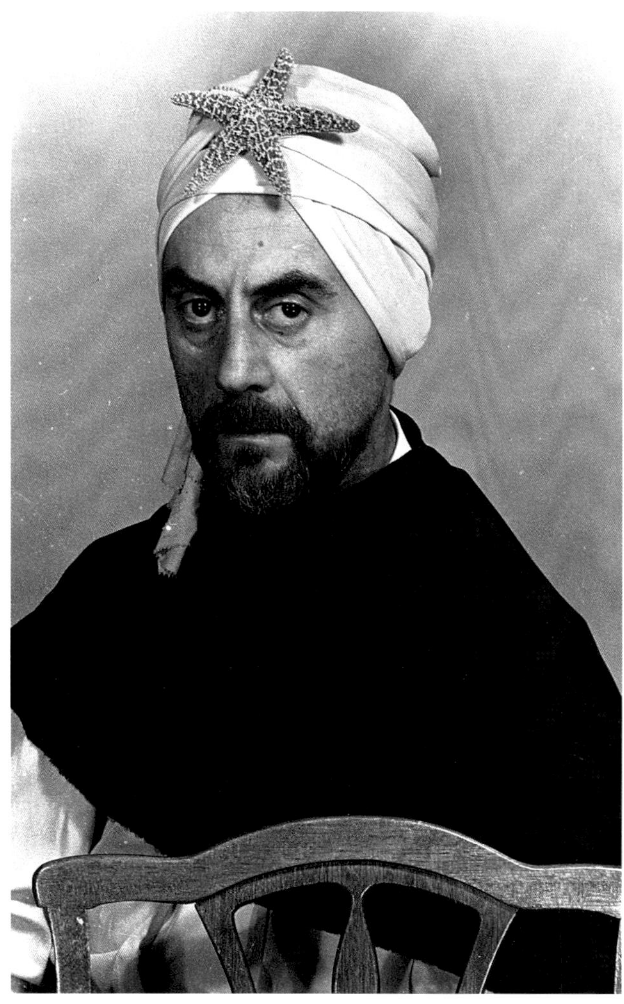

Man Ray: Self-Portrait, 1931

1890   Man Ray is born on 27 August in Philadelphia (Pennsylvania).

1897   The family moves to New York (Brooklyn).

1904   Enters High School.

1909–12   Studies at the Francisco Social Center Academy of Art, New York.

1910–11   Attends a course in drawing and water colours at the Ferrer Center in New York.

1913   Attempts to found an artists' commune; moves to Ridgefield in New Jersey with the poet Alfred Kreymborg. Visits the »Armony show«, very impressed by the European avant-garde painters. First cubist painting, a portrait of Alfred Stieglitz. Works part-time for a publisher of maps and atlases until 1919. Marries Adon Lacroix (Donna Lecœur). From now on calls himself Man Ray.

1915   Founds the magazine »The Ridgefield Gazook«, first American publication on Dada. Publication of »A Book of Diverse Writings« written by Donna and illustrated by Man Ray. First meeting with Marcel Duchamp. Returns to New York. First solo exhibition in the Daniel Gallery, New York.

1916   Seriously engaged in photography. Founds the »Society of Independent Artists« together with Marcel Duchamp and Walter Arensberg. Publishes the magazine »Rongwrong« with Duchamp and others and »The Blind Man«.

1917   First aerographs - pictures painted with a spray gun (»The Rope Dancer Accompanies Herself with Her Shadows«, 1919).

1919   Separation from Donna. Publishes single copy of »TNT« with Henry S. Reynolds and Adolf Wolff.

1920   Photographic and film experiments with Duchamp. Foundation of the »Société Anonyme Inc.« with Katherine Dreier, Marcel Duchamp, Henry Hudson and Andrew McLaren.

1921   Publication of single copy of »New York Dada« with Duchamp. Meets Duchamp in Paris on 14 July and makes the acquaintance of Jean Cocteau who introduces him to his large circle of friends. He invents the Rayographs. The first important exhibition takes place in the »Librairie Six«, Paris. Meets Kiki de Montparnasse (Alice Prin).

1922   Works with nude photography, takes numerous pictures of his girlfriend Kiki. Takes cover photos for various magazines, fashion photos for Paul Poiret and portraits. Publication of »Les champs délicieux« with Rayographs and a foreword by Tristan Tzara.

1923   His first film »Le retour à la raison« is shown. He employs Berenice Abbott as his assistant until 1926.

1924   Contributes to the magazine »La Revolution Surréaliste«. Publication of the Man Ray monograph written by Georges Ribemont-Dessaignes.

1925   Participation in the first surrealist exhibition in the Galerie Pierre, Paris. From now on he will be associated with the Surrealists.

1926   Solo exhibition in the Galerie Surréaliste. Filming of »Emak Bakia«.

1927–39   Portraits, nudes and short films; numerous exhibitions in France and America.

1928   Première of the film »L'étoile de mer«.

1929   Première of the film »Les mystères du Château de Dès«. Publication of »1929« containing erotic photographs and poems by Louis Aragon and Benjamin Péret. Lee Miller becomes his assistant until 1932.

1930   Contributes to the magazine »Le Surréaliste au Service de la Révolution«.

1932   Participation in the International Surrealist Exhibition in the Julien Levy Gallery, New York with Dalí, Ernst, Picasso and Pierre Roy.

1934   Publication of »Facile«, photographs to accompany Paul Eluard's poetry. James Thrall Soby publishes a book with photographs and Rayographs.

1936   Participation in the International Surrealist Exhibition in the New Burlington Gallery, London. Spends some time in New York. Takes part in the exhibition »Fantastic Art, Dada and Surrealism« in the Museum of Modern Art, New York.

1937   Publication of »Les mains libres«, drawings to accompany Paul Eluard's poetry. Publications of »La photographie n'est pas de l'art«.

1940   Flees to America shortly before the German occupation of Paris and settles in Hollywood. In the next few years he has exhibitions in Los Angeles, San Francisco, Santa Barbara, Pasadena and New York.

1946   Double wedding in Beverly Hills: Man Ray marries Juliet Browner during the same ceremony in which Max Ernst marries Dorothea Tanning.

1951   Returns to Paris with Juliet.

1960   Solo exhibitions in the Photokina, Cologne.

1961   Awarded the gold medal for photography at the Biennale, Venice.

1963   Publication of his autobiography entitled »Self Portrait« in London.

1966   First large retrospective in the Los Angeles County Museum of Art.

1971   Retrospective in the Galleria Schwarz, Milan brings 225 works together.

1971–72   A further retrospective is shown in the Museum Boymans-Van Beuningen, Rotterdam, in the Louisiana Museum, Humlebæk, Denmark and in the Musée National d'Art Moderne, Paris.

1972–76   Numerous other international solo exhibitions and participation in exhibitions.

1974   Andy Warhol dedicates a portrait to Man Ray as well as a series of pictures and serigraphs.

1976   Man Ray dies in Paris on 18 November.

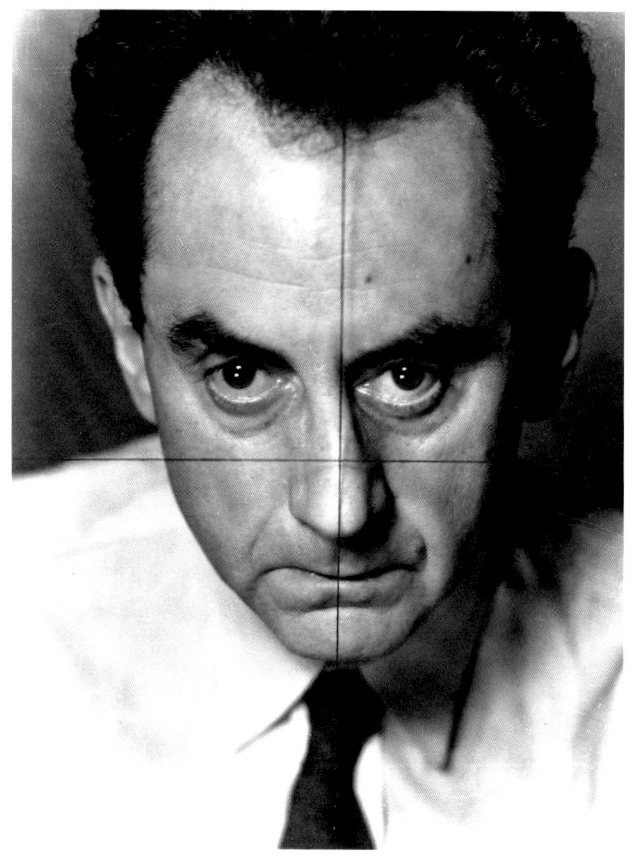

Man Ray: Autoportrait, 1947

1890 Man Ray naît le 27 août à Philadelphie (Pennsylvanie) de parents juifs russes.

1897 La famille part pour New York (Brooklyn).

1904–09 Entrée à la High School.

1909–12 Etudes à l'Ecole des Beaux-Arts du Francisco Social Center, New York.

1910–11 Participation à des cours de dessin et d'aquarelle du Ferrer Center à New York.

1913 Essaie de fonder une communauté artistique: il part pour Ridgefield dans le New Jersey en compagnie du poète Alfred Kreymborg. On voit apparaître son premier tableau cubiste, un portrait d'Alfred Stieglitz. Jusqu'en 1919, il travaille à mi-temps dans une maison d'édition qui produit des cartes et des atlas. Mariage avec Adon Lacroix (Donna Lecœur). A partir de ce moment, il se fait appeler Man Ray.

1915 Il fonde la première revue américaine dadaïste «The Ridgefield Gazook». Publication de «A Book of Diverse Writings», textes de Donna, illustrations de Man Ray. Rencontre Marcel Duchamp. Retour à New York. Première exposition à la Daniel Gallery à New York.

1916 Sérieuses activités dans le domaine de la photographie. Il fonde la «Society of Independent Artists» avec Marcel Duchamp et Walter Arensberg. Avec Marcel Duchamp, il publie la revue «Rongwrong».

1917 Premières aérographies (par exemple «The Rope Dancer Accompanies Herself with Her Shadows», 1919).

1919 Publication du numéro unique de «TNT» avec Henry S. Reynolds et Adolf Wolff. Séparation de Adon Lacroix.

1920 Expérimentations photographiques et cinématographiques avec Duchamp. Fondation de la «Société Anonyme Inc.» avec Katherine Dreier, Marcel Duchamp, Henry Hudson et Andrew McLaren.

1921 Publication du numéro unique de «New York Dada» avec Marcel Duchamp. Le 14 juillet, il arrive avec Duchamp à Paris où il fait la connaissance de l'écrivain Jean Cocteau qui l'introduit dans son grand cercle de connaissances. Il invente les rayographies. La première exposition importante a lieu à la «Librairie Six» à Paris. Il fait connaissance de Kiki de Montparnasse (Alice Prin).

1922   Activités dans le domaine de la photographie
de nus, nombreuses photos de son amie Kiki. Il réalise
des couvertures pour diverses revues, des photos de
mode pour Paul Poiret et des photographies de portraits.
Publication du livre «Les champs délicieux» comprenant
12 rayographies et une préface de Tristan Tzara.

1923   On présente son premier film «Le retour à la
raison». Jusqu'en 1926, il embauche Berenice Abbott
comme assistante.

1924   Collaboration à la revue «La Révolution Surréaliste». La première monographie «Man Ray», écrite
par Georges Ribemont-Dessaignes, paraît.

1925   Participation à la première exposition surréaliste à la Galerie Pierre, Paris. Pendant les années suivantes, il continue à travailler avec les surréalistes.

1926   Exposition réservée à ses œuvres à la Galerie
Surréaliste. Travaux de tournage pour «Emak Bakia».

1927–1939   Portraits, nus et courts métrages;
nombreuses expositions en France et en Amérique.

1928   Première du film «L'étoile de mer» à Paris.

1929   Première du film «Le mystère du Château de
Dès». Publication de «1929» comprenant des photographies érotiques et des poèmes de Louis Aragon et de
Benjamin Péret. Lee Miller devient son assistante jusqu'en 1932.

1930   Collaboration à la revue «Le Surréalisme au
Service de la Révolution». Première solarisation.

1932   Participation à l'Exposition Surréaliste Internationale à New York à la galerie Julien Levy avec Dalí,
Ernst, Picasso et Pierre Roy.

1934   Publication de «Facile», des photographies
illustrant des poèmes de Paul Eluard. James Thrall Soby
publie un album avec des photographies des rayographies.

1936   Participation à L'Exposition Surréaliste Internationale à la New Burlington Gallery à Londres. Séjour
à New York. Participation à l'exposition «Fantastic Art,
Dada and Surrealism» au Museum of Modern Art, New
York.

1937   Publication de «Les mains libres», dessins
illustrant des poèmes de Paul Eluard. Publication de «La
photographie n'est pas de l'art».

1940   Peu après l'occupation de Paris par les Alle-
mands, il s'installe à Hollywood. Au cours des années
suivantes, expositions à Los Angeles, San Francisco,
Santa Barbara, Pasadena, New York.

1946   Mariage double à Beverly Hills: Man Ray
épouse Juliet Browner pendant que Max Ernst épouse
Dorothea Tanning au cours de la même cérémonie.

1951   Retour à Paris.

1960   Exposition à la Photokina, Cologne.

1961   Obtention de la médaille d'or de la photographie à la Biennale, Venise.

1963   Publication de son autobiographie à Londres
sous le titre de «Self Portrait».

1966   Première grande rétrospective au Los
Angeles County Museum of Art.

1971   Une rétrospective organisée dans la Galleria
Schwarz à Milan réunit 225 œuvres.

1971–1972   On présente une autre rétrospective
au Museum Boymans-Van Beuningen, Rotterdam, au
Louisiana Museum, Humlebæk, Danemark et au Musée
National d'Art Moderne à Paris.

1974   Andy Warhol dédie à Man Ray un portrait, des
peintures et des sérigraphies.

1976   Man Ray décède le 18 novembre à Paris.

Bücher von Man Ray/Books by Man Ray/Livres de Man Ray

A Book of Diverse Writings. Ridgefield 1915

New York Dada. New York 1921

Champs délicieux. 12 Rayographies. Société Générale d'Imprimerie, Paris 1922

Revolving Doors. Editions Surréalistes, Paris 1926. Reprint: Galleria Il Fauno, Luciano Anselmino, Torino 1972

Electricité, 10 Rayographies. Compagnie de distribution d'électricité, Paris 1931

Photographs by Man Ray 1920 Paris 1934. James Thrall Soby, Hartford, Conn. Cahiers d'Art, Paris; Random House, New York 1934. Reprint: Dover Publications, New York 1979; Schirmer/Mosel, München 1980

Facile. Gallimard, Paris 1935

Les mains libres. Edition Jeanne Bucher, Paris 1937

La photographie n'est pas l'art. Gallimard, Paris 1937

Les Mannequins. Paris 1938; Jean Petithory, Paris 1966

Alphabet for Adults. Copley Galleries, Beverly Hills 1948

Self Portrait. André Deutsch, London 1963; Little Brown and Company, Boston 1963; Schirmer/Mosel, München 1983

Oggetti d'affezione. Vorwort/Foreword/Préface: Paolo Fossati. Einaudi, Torino 1970

Mr. and Mrs. Woodman. Edition Unida, Den Haag 1970

Analphabet. Nadada Editions, New York 1974

Bücher über Man Ray/Books on Man Ray/Livres sur Man Ray

Georges Ribemont-Dessaignes: *Man Ray*. Librairie Gallimard, Paris 1924

Robert Desnos: *Man Ray*. In: Photographic Compositions by Man Ray. Arts Club of Chicago, Chicago 1929

Kiki (Alice Prin): *Kiki's memoirs*. Black Manikin Press, Paris 1920

Paul Eluard: *Man Ray Drawings*. Valentine Gallery, New York 1936

Lee Miller: *I worked with Man Ray*. In: Lilliput 9, Oct. 1941

L. Fritz Gruber, Ed.: *Photokina 1960*, Köln 1960

Jean Adhémar/Evelyne Pasquet: *Man Ray. L'œuvre photographique*. Bibliothèque Nationale, Paris 1962

L. Fritz Gruber, Ed.: *Man Ray. Portraits*. Sigbert Mohn Verlag, Gütersloh; Editions Prisma, Paris 1963

Deren Van Coke: *The Painter and the Photograph*. University of New Mexico Press, Albuquerque 1964

Jules Langsner, Ed.: *Man Ray*. Los Angeles County Museum of Art, Los Angeles 1966

Arturo Schwarz, Ed.: *Man Ray: 60 anni di libertà* Galleria Schwarz, Milano 1971

Alain Jouffray: *Introduction au génie de Man Ray*. Boymans-van Beuningen Museum, Rotterdam 1971

Janus, Ed.: *Man Ray (I grandi fotografi)*. Gruppo Editoriale Fabbri, Milano 1973

Luciano Anselmino: *Man Ray. Opera grafica*. Luciano Anselmino, Torino 1973

AUSSTELLUNGEN – EXHIBITIONS – EXPOSITIONS

Sarane Alexandrian: *Man Ray*. Editions Filipacchi, Paris 1973; Rembrandt Verlag, Berlin 1973

Maurizio Fagiolo, Ed.: *Man Ray. L'occhio e il suo doppio*. Palazzo delle Esposizioni, Roma 1975

Roland Penrose: *Man Ray*. Thames and Hudson Ltd., London 1975

Janus, Ed.: *L'immagine fotografica*. Edizioni La Biennale di Venezia e Alfieri, Venice 1977; Barron's, Woodbure, New York 1980

Arturo Schwarz: *Man Ray. The Rigour of Imagination*. Thames and Hudson, London 1977; Rogner & Bernard, München 1980

Man Ray – Inventionen und Interpretationen. Frankfurter Kunstverein, Frankfurt 1979

Jean-Hubert Martin: *Man Ray Photographe*. Philippe Sers, Paris 1981; Thames and Hudson, New York; Schirmer/Mosel, München 1982

Janus: *Man Ray*. I grandi Fotografi. Gruppo Editoriale Fabbri, Milano 1982

Jean-Hubert Martin, Rosalind Krauss, Brigitte Hermann: *Man Ray: Objets de mon affection*. Philippe Sers, Paris 1983

Rosalind Kraus, Jane Livingstone: *L'amour fou: Photography and Surrealism*. Abbeville Press, New York 1985

Alan Axelrod, Ed.: *Perpetual Motif. The Art of Man Ray*. National Museum of American Art, Smithsonian Institution, Washington D.C., New York 1988

Man Ray – Arbeiten für Harper's Bazaar 1934–1941. Schirmer/Mosel, München 1989

<u>Einzelausstellungen/Solo exhibitions/Expositions particulières</u>

1915   Daniel Gallery, New York
1916   Daniel Gallery, New York
1919   Daniel Gallery, New York
1921   Librairie Six, Paris
1922   Salon des Indépendants, Paris
1926   Galerie Surréaliste, Paris: *Tableaux de Man Ray et objets des îles*
1927   Daniel Gallery, New York: *Recent Paintings and Photographic Compositions*
      Galerie Surréaliste, Paris: *Du nouveau sous le soleil*
1929   Art Center, Chicago: *Compositions photographiques*
      Galerie des Quatre Chemins, Paris
      Galerie van Leer, Paris
1931   Galerie Alexandre III, Cannes: *Photographies de Man Ray*
1932   Julien Levy Gallery, New York
      Chez Dacharry, Paris
      Galerie Vignon, Paris
1934   Lund, Humphries & Co., London
1935   Wadsworth Atheneum, Hartford (USA)
      Art Center School, Los Angeles
      Galerie Adlan, Barcelona
      Galerie des Cahiers d'Art, Paris
1936   Valentine Gallery, New York
1937   Jeanne Bucher, Paris
1939   London Gallery, London
      Galerie de Beaune, Paris
1941   Frank Perls Gallery, Los Angeles
      M. H. de Young-Museum of Art, San Francisco
1943   Santa Barbara Museum of Art, Santa Barbara (CA)
1944   Pasadena Art Institute, Pasadena (CA): *Retrospective Exhibition 1913–1944, Paintings, Drawings, Watercolours, Photographs by Man Ray*
1945   Los Angeles County Museum of History, Science and Art, Los Angeles
      Julien Levy Gallery, New York: *Objects of my Affection*
1946   Circle Gallery, Los Angeles

1948   Gallery of Bill Copley, Beverly Hills
1951   Galerie Berggruen, Paris
1953   Paul Kantor Gallery, Los Angeles
1954   Galerie Fürstenberg, Paris
1956   Galerie de l'Etoile Scellée, Paris: *Non-Abstractions*
       Institute of Contemporary Art, London: *An Exhibition Retrospective and Prospective of the Work of Man Ray*
1960   Esther Robles Gallery, Los Angeles
       Photokina, Köln
1962   Galerie Rive Droite, Paris
       Bibliothèque Nationale, Paris: *L'œuvre photographique*
1963   Landesgewerbeamt, Stuttgart: *Rayographien 1921–1928*
       University Art Gallery, Princeton
       Cordier & Ekstrom, Amiens
1964   Galleria Schwarz, Milano: *Oggetti del mio affetto*
1965   Cordier & Ekstrom, New York: *Objects of my Affection*
1966   Los Angeles County Museum of Art
1968   Martha Jackson Gallery, New York
       Galerie der Spiegel, Köln
1969   Galerie Alphonse Chave, Vence: *Les Invendables*
       Hanover Gallery, London: *Paintings and Objects of my Affection*
       Studio Marconi, Milano
       Galleria Il Fauno, Torino
1970   Cordier & Ekstrom, New York
       Galerie XXième Siècle, Paris
       Galleria del Cavallino, Venezia
       Noah Goldowsky Gallery, New York
1971   Galerie Suzanne Visat, Paris: *Obstruction*
       Galleria Il Fauno, Torino
       Galerie Pourquoi pas, Genève
       Lunn Gallery, Washington
       Museum Boymans-Van Beuningen, Rotterdam: *Retrospective*
       Galleria Schwarz, Milano
1972   Philadelphia Museum of Art, Philadelphia
       Galleria Il Fauno, Torino: *Revolving doors*
       Galerie Françoise Tournié, Paris
       Galleria Pictogramma, Roma
       Galerie des Quatre Mouvements, Paris:

40 Rayographies
1974   Galleria Il Collezionista, Roma
       Palazzo delle Esposizioni, Roma: *Man Ray, opera grafica*
       Galerie Iolas, Madrid
       Timothy Baum, New York
       Galleria Il Fauno, Torino
       Cultural Center, New York: *Man Ray, Inventor-Painter-Poet*
1975   Mayor Gallery, London
       G. Ray Hawkins Gallery, Los Angeles: *Vintage Photographs of Man Ray*
       Studio Marconi, Milano
       Palazzo delle Esposizioni, Roma: *L'occhio e il suo doppio*
       Iolas Gallery, Athens
1976   Biennale, Venezia
1979   Frankfurter Kunstverein, Frankfurt: *Man Ray. Inventionen und Interpretationen*
1982   Palau de la Virreina, Barcelona: *Man Ray 1897–1976*
1988   National Museum of American Art, Smithsonian Institution, Washington D.C.: *Perpetual Motif. The Art of Man Ray*

Ausstellungsbeteiligungen/Group exhibitions/
Expositions de groupe

1915   Memorial Art Gallery, Rochester/New York: *Modern Movement in the American Art*
1916   Anderson Galleries, New York: *Forum Exhibition of Modern Painters*
1920   County Museum of History, Science and Art, Los Angeles: *Exhibitions of Paintings by American Modernists*
1921   Grand Central Palace, New York: *Society of Independent Artists Exhibition*
1922   Galerie Montaigne, Paris: *Salon Dada, Exposition Internationale*
1925   Galerie Pierre, Paris: *Première Exposition Surréaliste Internationale*
1926   Brooklyn Museum of Art, New York: *International*

Exhibition of Modern Art
La Galerie Surréaliste, Paris: *Deuxième Exposition Surréaliste*

1929 Galerie Pierre Colle, Paris: *L'Exposition Surréaliste*

1930 Galerie Goemans, Paris: *Collage*

1932 Julien Levy Gallery, New York: *Surrealist Exhibition*
Galerie de l'Institut, Paris: *Exposition Rétrospective Dada 1916–1932*
Palais des Beaux-Arts, Bruxelles: *Exposition Internationale de la Photographie*

1933 Galerie de la Renaissance, Paris: *Salon du nu photographique*
Art Center, New York: *An Exhibition of Foreign Photography*
Galerie Pierre Colle, Paris: *Exposition Surréaliste*
Salons des Surindépendants, Paris

1936 New Burlington Gallery, London: *International Surrealist Exhibition*
Museum of Modern Art, New York: *Fantastic Art, Dada, Surrealism*

1937 Palais des Beaux-Arts, Bruxelles: *Trois Peintres Surréalistes (Tanguy, Magritte, Ray)*

1938 Galerie des Beaux-Arts, Paris: *Exposition Surréaliste Internationale*
London Gallery, London: *Surrealist Painting, Drawing, Objects*
Galerie Robert, Amsterdam: *Exposition Internationale du Surréalisme*

1940 Galeria de Arte Mexicana, Mexico: *International Surrealist Exhibition*

1944 Julien Levy Gallery, New York: *The Imagery Chess*

1946 Whitney Museum, New York: *Pioneers of Modern Art in America*

1947 Art Institute, Chicago: *Abstract and Surrealist American Art*

1948 Yale Art Gallery, New Haven: *Paintings and Sculptures by the Directors of the Société Anonyme 1920–1948*

1951 Museum of Modern Art, New York: *Abstract Painting and Sculpture in America*

1956 Musée des Beaux-Arts, Tours: *Man Ray, Max Ernst, Dorothea Tanning*

1957 Galerie de l'Institut, Paris: *Exposition Dada*

1958 Kunsthalle Düsseldorf: *Dada, Dokumente einer Bewegung*
Stedelijk Museum, Amsterdam: *Dada*

1959 Galerie Daniel Cordier, Paris: *Exposition Internationale du Surréalisme*

1961 Museum of Modern Art, New York: *The Art of Assemblage*
Biennale della Fotografia, Venezia

1964 Galerie Charpentier, Paris: *Le Surréalisme: Sources-Histoire-Affinités*

1965 L'Œil, Paris: *L'Ecart absolu*

1966 Musée National d'Art Moderne, Paris; Kunsthaus Zürich, Zürich; Civico Padiglione d'Arte Contemporanea, Milano: *Exposition Dada*
Goethe-Institut, Roma; Copenhagen: *Exposizione Dada itinerante*
Musée de Tel Aviv, Tel Aviv: *Le Surréalisme*
Moderna Museet, Stockholm: *Dada*

1967 Galleria Civica d'Arte Moderna, Torino: *Le Muse Inquietanti — Maestri del Surrealismo*
American Center, Paris: *Salute to Man Ray*

1968 Museum of Modern Art, New York: *Dada, Surrealism and their Heritage*
Museum of Modern Art, New York: *The Machine Age as seen at the End of the Mechanical Age*

1970 Hanover Gallery, London: *The Poetic Image*
Galerie Rive Gauche, Paris: *Surréalisme?*

1971 Louvre, Paris: *Autour du Bain Turc d'Ingres*
Museum of Modern Art, New York: *Technics and Creativity*
Palais des Beaux-Arts, Bruxelles: *Métamorphose d'Objet*

1972 Haus der Kunst, München: *Der Surrealismus*
Galerie des Beaux-Arts, Bordeaux: *Surréalisme*

1973 Galleria Civica d'Arte Moderna, Torino: *Combattimento per un'Immagine*

1974 Städtische Galerie München; Kunsthalle Tübingen: *New York Dada*

1977 Akademie der Künste, Berlin: *Tendenzen der Zwanziger Jahre*

1978 Musée National d'Art Moderne, Centre Georges Pompidou, Paris: *Paris–Berlin*

1982 Rheinisches Landesmuseum, Bonn: *Lichtbildnisse—Das Porträt in der Fotografie*

1986 Museum Ludwig, Köln: *Bilder der Stille*

Danksagung/Acknowledgements/Remerciements:

Der Verlag dankt an erster Stelle Herrn Lucien Treillard, Mitarbeiter und Freund Man Rays, und Herrn Pierre Gassmann, die das vorliegende Buch durch ihre freundliche Unterstützung ermöglichten und den größten Teil der photographischen Abzüge zur Verfügung stellten.
Wir danken Herrn Prof. L. Fritz Gruber, der mit seinem Vorwort und seinem Engagement dem Buch Gestalt gegeben hat, und Herrn Michael Pauseback für seine Beratung.
Unser Dank gilt schließlich dem Museum Ludwig, Köln, und dem Museum Abteiberg, Mönchengladbach, die uns freundlicherweise mit weiteren Abzügen aus ihren Sammlungen unterstützt haben.

The publishers wish to thank above all Mr. Lucien Treillard, Man Ray's colleague and friend, and Mr. Pierre Gassmann whose kind support made publication of this book possible and who provided us with the greater part of the photographic material reproduced here.
We would also like to thank Professor L. Fritz Gruber, who brought the book into its present form with his foreword and his commitment to the project, and Mr. Michael Pauseback for his advice.
Finally, we would like to extend our thanks to Museum Ludwig, Cologne and Museum Abteiberg, Mönchengladbach, wo kindly assisted us with further contributions from their collections.

Les éditeurs désirent tout particulièrement remercier Monsieur Lucien Treillard, ami et collaborateur de Man Ray, ainsi que Monsieur Pierre Gassmann, qui ont eu l'amabilité de nous fournir la plupart des épreuves photographiques; sans leurs aimables contributions, ce livre n'aurait pu voir le jour.
Nos remerciements s'adressent encore à Monsieur le professeur L. Fritz Gruber, qui a bien voulu préfacer ce livre et lui donner forme grâce à son engagement, ainsi qu'à Monsieur Michael Pauseback pour ses précieux conseils.
Nous remercions enfin le Musée Ludwig de Cologne, ainsi que le Musée Abteiberg de Mönchengladbach d'avoir bien voulu mettre à notre disposition d'autres épreuves photographiques de leurs collections.